日本の肉じゃが 世界の肉じゃが

阿古真理

新星出版社

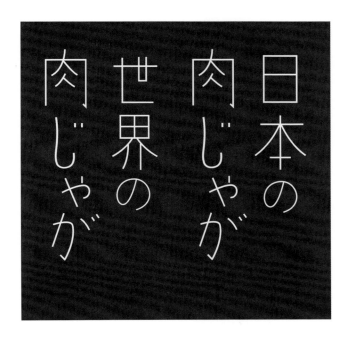

はじめに

あなたは肉じゃがが好きですか？

肉じゃがと言えば、日本育ちの日本人で知らない人がほぼいないほど、ごく一般的な家庭料理です。伝統的な和食のように言われることもありますし、好きな人の胃袋をつかむために覚えるべき料理、と女性が言われた時代もあります。お母さんがつくってくれた思い出の味、という人もいます。それなのに、マニアが多いカレーやラーメン、パンなどの陰に隠れて、あまり語られてこなかったのはなぜでしょうか。空気のように身近過ぎて、あるいは家族のように当たり前過ぎて、うっかり忘れていたのかもしれません。今こそ、そんな地味だけど大切な肉じゃがについて、本を通して語り合いましょう！

本書は、実はそんな地味な肉じゃがを研究する学者までいる、と気づいた編集者が「肉じゃがの本をつくりましょう！」と持ちかけてきたことから生まれました。「それなら、世界の肉じゃがと日本の肉じゃが史を一緒にやりましょうよ！」と答えたのは私。その結果、肉じゃがが愛される理由を探るこの本は、背後に広がる食の発展史もたどることになりました。料理家の歴史やレシピのトレンド分析の研究をしてきてよかった！

食文化に興味がある方は、私が家庭料理の歴史やトレンドについて書いた『小林カツ代と栗原はるみ　料理研究家とその時代』（新潮新書）、『ラクしておいしい令和のごはん革命』（主婦の友社）、『昭和の洋食　平成のカフェ飯』（ちくま文庫）も見てください。肉じゃがの背景にある社会の変化がよくわかります。

でも、文章ばかりの本は苦手、という人もいます。そんな方に朗報です。今回はいつもと違い、レシピ本制作のプロたちとチームを組み、各時代の日本の料理家・料理人が生み出してきた歴代の代表的な肉じゃがレシピ、そして世界の肉じゃがレシピまで収録した、読んで楽しく使ってうれしい本に仕上がりました。日本のレシピについては、2章で時代背景とレシピを考案した料理家・料理人についてお伝えし、3章で具体的なレシピをご紹介します。各レシピの出典は、レシピごとに示していますので、その本のほかのレシピも知りたい、と思った方はぜひ読んでみてください。その料理家の仕事をもっと知りたいと思った方は、2章を読んだうえでその方のことを調べてみてください。一部は先に挙げた過去の私の本にも載っています。

世界の肉じゃがについては、4章で背景や成り立ちを、5章でレシピをご紹介します。世界の肉じゃがレシピは、世界を旅し、時にはレストランの厨房にまで入って研究をしてきた料理家の藤沢せりかさんが、自身の経験および既存のさまざまなレシピを調べたうえで作成したものを掲載しています。日本の肉じゃがも、実際に再現したのは藤沢さんです。彼女がいなかったら、趣味と実用を兼ねたレシピつきの本は生まれませんでした。

私たちの大変な苦労についてはあとがきで語ることにして、まずは皆さんに、このおいしくもなつかしい肉じゃがの世界が、どのようにして成り立ってきたのかをを存分に楽しんでいただきたいと思います。

Contents

2008(平成20)年
城戸崎愛の肉じゃが…76
洋の風味を加えるひとかけのバター

2011(平成23)年
村上祥子の肉じゃが…77
耐熱ボウルに入れる落としぶたが肝

2012(平成24)年
瀬尾幸子の「レンジ肉じゃが」…78
画期的だった1人分の煮ものレシピ

平野レミの「韓流肉じゃが」…79
ちょい辛で飽きない140字のレシピ

2016(平成28)年
松田美智子の肉じゃが…80
うま味の素は牛肉と三温糖にごま油

2017(平成29)年
江上料理学院の肉じゃが…82
シンプルかつオーソドックスな料理

2018(平成30)年
前田量子の肉じゃが…84
煮もの上手のロジックはこれ!

2019(令和元)年
山本ゆりの「塩肉じゃが」…85
電子レンジでラクラク調理

2020(令和2)年
笠原将弘の肉じゃが…86
人気和食料理人が提案する家庭料理

2021(令和3)年
リュウジの「至高の肉じゃが」…87
バズるユーチューバーのしっかり味

2022(令和4)年
大庭英子の肉じゃが…88
甘さは控えめでしょうがが効く

2023(令和5)年
今井真実の「無水肉じゃが」…90
フライパンの力を引き出す調理法

2024(令和6)年
きじまりゅうたの「爆速!肉じゃが」…92
狭いキッチンで効率よく調理する法

Column 2 レシピを進化させ続ける料理家…93

◆日本の肉じゃがレシピ分布図…94

4章 世界の肉じゃが…95

世界中にある肉じゃが…96
肉じゃがからお国柄がわかる?…98
世界3大料理と肉じゃが…102
中南米…106
Column 3 知恵の結晶、ペルーのじゃがいも…110
ヨーロッパ…111
Column 4 これも肉じゃが!? 世界のいも・肉料理…115
中東…116
アフリカ…119
アジア…124
Column 5 肉じゃがスピンオフ! 魚&貝じゃが…129
北米・オセアニア…130

◆世界の肉じゃがMAP…134

1章

肉じゃがとは何か？

私たちの食卓に当たり前にある「肉じゃが」。
しかしそのルーツは、謎に包まれていることがわかったのです。

肉じゃがの不思議

私が10代だった1980年代、肉じゃがは「おふくろの味」で「好きな男性の胃袋をつかむ必殺料理」とされていました。使う肉は牛か豚か、おかずになるかならないか、といった論争もあります。議論になるのは、それだけ多くの人がこの料理になじんでいて、思い入れがあるからにほかなりません。

また、最近は食の成り立ちなどの文化に関心を持つ人が増えています。肉じゃがの場合は海軍発祥説が唱えられていますが、はたしてそれは本当でしょうか？　この後説明しますが、実は肉じゃがの成り立ちや位置づけを調べた食文化の研究者が、何人もいます。わざわざ研究するのは、やはり国民的人気の家庭料理だからで、しかもそこに「おふくろ」という、今なら「理想の母親像を押しつけないで!」、と炎上しかねない言葉がチラチラと見えるからです。最近「おふくろ」の枕詞がつかなくなっているのは、そうした時代の変化もあるのでしょう。イメージの変化と実像を見定めることができるのも、研究者にとっては魅力的な材料と言えます。

こんなにいろいろな意味で「オイシイ」料理は、なかなかありません。そこで私たちは古今東西のレシピや食文化、歴史などの肉じゃが情報を集め、魅力を掘り下げることにしました。

外国料理のレシピ本でも、「〇〇国の肉じゃが」といった説明をちらほら見かけます。

本書における肉じゃがの定義

① 肉とじゃがいもを使用する。
② モツやソーセージなどの加工肉はOK。
③ 肉が入っていれば、魚介類や豆などのタンパク源が入ってもOK。
④ じゃがいもが入っていれば、さつまいもなどほかのいも類や穀物が入ってもOK。
⑤ 調理方法に必ず「煮る」が入ること。
⑥ 食事のおかずになること。ご飯やパン、団子を添えるのはありですが、ご飯ものやパンを混ぜ込む料理はNGです。

肉じゃがが日本だけのものではないなら、この機会に外国の肉じゃがも知りたくありませんか？　もちろん、外国料理については何を肉じゃがと見なすか、定義を決めなければなりません。本書で決めた定義は下に記しておきますので、ご確認ください。食材を煮る調理法は、オセアニアの先住民などごく一部を除く世界各地で古くから定番でした。それは主食として選んだコメや麦などが、煮ることでやわらかく消化しやすくなったからです。肉じゃがが世界各地で親しまれているのは、実は大きな失敗をしにくく放置しても完成する手軽な煮込み料理の1つだからでしょう。

みんなが大好き！

肉じゃがの実情を知るべく、２０２４年5月、クラウドソーシングサイト「ランサーズ」で、肉じゃがを食べたことがある人を対象にインターネット調査を行いました（以下、この調査は「アンケート」と表記）。回答者は家族と同居する人が多く、30～50代が中心でした。女性が１１７人と多めで、居住地域は首都圏と中京圏、近畿圏に集中し、それ以外は北海道の16人が多かったです。

肉じゃがを「好き」と答えた人は１４６人と最も多かった一方、「嫌い」は０。ただし、「自分は好きでないが、家族が好き」が３人、「自分は好きだが、家族は嫌い」が２人いるので、例外はあるがほぼ誰もが好き、と言えます。

●アンケート回答者の年齢

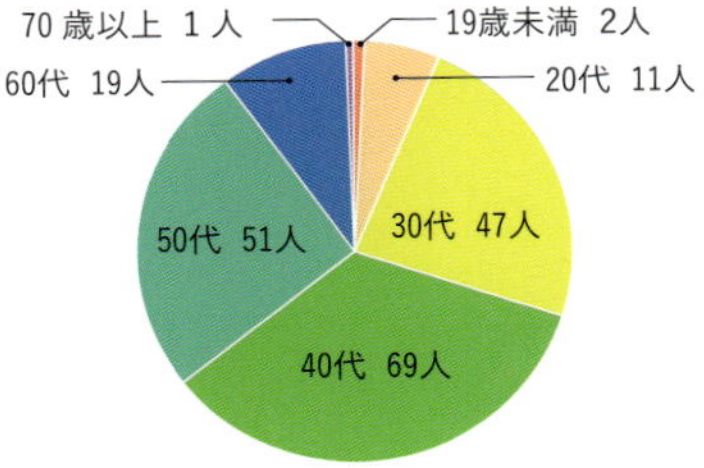

●アンケート回答者の職業・立場

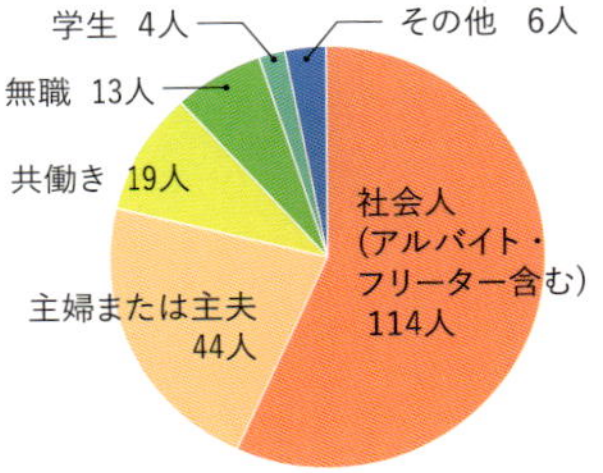

実施機関：ランサーズ（インターネットによる）／実施期間：2024年5月9日～10日／調査対象：肉じゃがを食べたことがある人
有効回答数：200人（女性117人、男性83人）

食べる頻度は月に1回が72人で最も多く、ときどき食べる人が多いようです。一方で、2～3カ月に1回以下の人も22人おり、自由回答欄に「家庭で手づくりの肉じゃがを食べたことはほとんどない」（広島県、女性、社会人、30代）と記入した人もいます。ふだん食べる場所は「手作りのものを家で」とした人が最も多く、179人でした。自分でつくる人は175人。アンケートでは、ふだんから料理している人が答えた割合が多いようです。

肉じゃがのイメージは、「日本の伝統的な家庭料理」（北海道、男性、社会人、40代）、「作る人の個性が出る」（埼玉県、男性、社会人、50代）、「簡単そうに見えて、ちょうど良い塩梅で完成させるには難しい」（神奈川県、男性、社会人、40代）、「肉と野菜を同時に摂れる料理」（神奈川県、女性、社会人、40代）、「昭和の夕食の定番」（大分県、男性、社会人、40代）などの声が寄せられました。列挙した内容だけで、なぜ肉じゃがが当たり前に存在する料理かを言い当てていると思いませんか？ また、「これさえ作っておけば文句は出ない一品」（大阪府、女性、無職、50代）といった安心感やおいしさを書く人も多く、皆さんの文面から肉じゃがに対する熱い思いが伝わってきました。

おかずにならない、という声も一部ありました。ご飯に合わない、おかずにしては甘過ぎる、と感じる人がいることが要因と思われます。主菜か副菜かの論争もあり、酒の肴にする人もいます。これだけ人気なのにおかずとしての落ち着きが悪い隙《すき》があることは、もしかすると肉じゃがが注目される原因かもしれません。

●あなたは肉じゃがは好きですか？（アンケート）

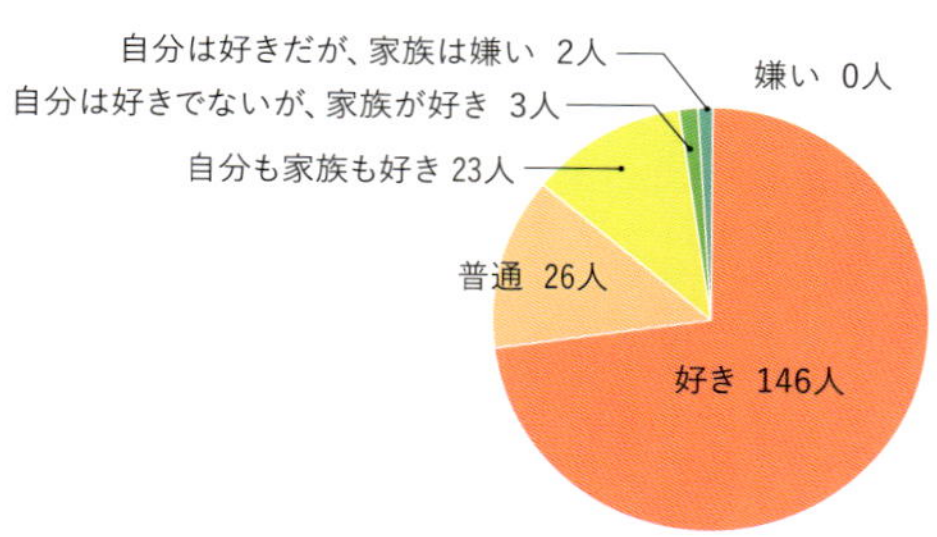

テイクアウト総菜の肉じゃが

アンケートでは手づくり派が中心でしたが、肉じゃがは加工食品、外食・中食（テイクアウト）の外注料理にもなっています。そこで主だったスーパーやコンビニに問い合わせたところ、スーパーでは西友、コンビニではローソンから回答が得られました。

西友では、店頭での選択肢が多彩になったことなどにより、大きな売り上げの伸びはない、とのことでした。近年は出汁の風味を生かした薄味が好まれる傾向が強いそうですが、2023年8月にリニューアルした際、すき焼きに近い甘辛味に変更したそうです。東日本は豚肉、西日本は牛肉を使うと言われますが、リニューアルの際に「家庭でつくるのであれば豚肉を使用するが、購入して食べるのであれば家庭とは違う牛肉に需要があるのでは、と仮説を立て（全国で）牛肉を使用しました」と回答がありました。東日本と西日本で食の好みが分かれるので、大手食品メーカーがインスタント麺などの味つけを東と西で変える、という話はよく聞きますが、関西人の私は、西友さんの意図とは関係なく、東日本の人も牛肉じゃがを受け入れてくれるとうれしいな、と思います。いずれにせよ、あえて新しい提案を全国で行う大手スーパーの試みは、注目したいところです。

ローソンは2013（平成25）年10月に販売を開始し、2017年5月から北海道・東北・関東・中部・沖縄で豚肉と濃口醤油を使い、それ以外の地域で牛肉・淡口醤油を使っ

ローソンで販売しているチルド商品の肉じゃが（画像提供：株式会社ローソン）

ているそうです。売り上げは増加傾向にあり、季節による変動は少ないとのことでした。

西友で大きな売り上げの伸びがない一方、ローソンで増えているのは顧客層の違いが大きいように思います。スーパーは台所を担う中高年が多く利用しますが、コンビニはシングルやランチ利用などの社会人が多い傾向があります。社会のシングル化が進んだ結果、コンビニが伸びたのではないか、と私は考えます。

肉じゃがは「おふくろの味」?

これだけ定着し愛されているのに、日本の肉じゃがはそれほど歴史が古くありません。日本では明治初めまで公的には肉食を禁じられていたため、そもそも畜産の歴史が浅く、庶民が日常的に食べられるほど肉の生産量が増えたのは戦後になってからです。『「おふくろの味」幻想　誰が郷愁の味をつくったのか』(湯澤規子、光文社新書)によれば、お母さんがつくる伝統的な家庭料理、というイメージが生まれたのは、高度経済成長期の急激な近代化で暮らしがさま変わりしたことが原因です。しかし、実際の歴史は違いました。高度経済成長期以前、農家はふだん女性が台所を担いましたが、繁忙期など状況に応じ、臨機応変に手が空いた人が料理しています。また、都会の中流以上の家庭では、女中などの使用人が料理する場合も多かったのです。

「おふくろの味」という表現を使い始めたのは、昭和を代表する料理家の土井勝。

1967（昭和42）年に出した『おふくろの味　家庭料理のこころ』（土井勝・土井信子、創元社）で「十年も前から私が使いだした」と書いています。最初におふくろの味と冠したレシピ本は、辻学園調理・製菓専門学校の校長だった辻勲の『おふくろの味　家庭料理集』（ひかりのくに）で1960年です。

この表現がある種の流行だったことは、『「おふくろの味」幻想』で湯澤が調査した「おふくろの味」と銘打った本の数からわかります。1950年代と1960年代はそれぞれ2冊しかないのに、1970年代から1990年代はそれぞれ28冊～41冊もあり、2000年代には0冊、と一定期間に集中していたのです。郷土料理店や小料理屋などの飲食店が増えたのも、同じ時期。急激な暮らしの変化に戸惑った男性が「おふくろの味」のイメージにぴったり合う肉じゃがに、郷愁を感じたのでしょう。

興味深いのは、アンケートの自由回答欄にも母や祖母など女性と結びつける人が34人もいたことです。その中には「母や祖母から肉じゃがの作り方を教えてもらったことを懐かしく思い出します」と答えた大阪府在住で40代の主婦もいますし、「食べると実家の母親の顔を思い出す。懐かしい気分になる」（東京都、男性、社会人、20代）という人もいます。昭和の男性も、現代人も、肉じゃがになつかしさを感じる。それは肉じゃがが慣れ親しんだ煮込み料理の1つであり、日本でも、稲作が始まるまではいも類を主食にしていたからではないでしょうか。日本では、約1万年前の縄文遺跡から、鍋と思われる破片が見つかっているのです。何でも遺伝子のせいにするのは気が進みませんが、いもや煮ものは、人々の遺伝子に書き込まれているのかもしれません。

料理研究家の阿部なをが開いた「北畔」。今でもなつかしい味を求める人に人気がある

「おふくろの味」推しレシピ

「おふくろの味」を冠した肉じゃがは、社会のジェンダー観の変化も映し出します。辻学園調理・製菓専門学校が1987（昭和62）年に刊行した『辻クッキングお料理教室　わたしのおかず』（辻学園出版事業部）のレシピには、「おふくろの味なんて言わせない。今日からは『わたしの味』です」と見出しがついています（レシピは66ページ）。同校による1999（平成11）年の『おふくろの味入門』では、「おふくろの味・定番11選」の1番目に選ばれています。

ところが、おふくろの味系譜と思われる2006（平成18）年刊行の『料理ならおまかせ　男が食べたい絶賛おかず』（世界文化社）は、「女性がつくる」を前に出さないことで誰がつくるかあいまいにしようとしているように見えます。ただし、最初に「男の好きな味　6つの法則」を掲げて解説しているので、つくり手が女性という前提はすぐわかる。しかも、法則3は「おふくろの味に、男は弱い」。「父さんや母さんが食べていたようなおかず。ずっと作り伝えてほしいな。昔ながらのニッポンのおかずに出会えたとき、『この家の家族でよかったな』と、素直に思っちゃうんだよね」、とだんだん「男」の本音があらわになる。好きな人に甘えて母親役を求める願望が気になります。

2020（令和2）年に刊行された『COCORO大西哲也のドヤ飯　誰がつくってもプロの味!!!』（大西哲也、大和書房）になると、つくり手に男性も意識されています。

「おふくろの味」のイメージを推す当時のレシピ本

濃い味つけや手をかけて飲食店の味を再現しようとする内容が、男性読者にウケました。

レシピ本のトーンが大きく変化したのは、1986年に男女雇用機会均等法が施行されてバブル期が到来し、女性も仕事を持つことが当たり前になったからです。そして1990年代後半以降は、現役世代の既婚女性は仕事を持つ人が多数派になりました。それはちょうど中学・高校の家庭科が男女共修になった時期と重なります。また、テレビなどで男性の人気タレントが料理する場面が急増し、伝説化した料理対決番組『料理の鉄人』（フジテレビ系）でプロの料理人に脚光が当たるなど、料理する男性がかっこいいと思われ始めました。

つまり、女も働き男もキッチンに立つようになった。昭和の女性が理想の母親を求められたように、昭和の男性が「男子厨房に入らず」と刷り込まれて育ったことを思えば、大きな変化です。とはいえ、『大西哲也のドヤ飯』の肉じゃがレシピにも、「彼氏や旦那の胃袋をわしづかみにして破壊したいあなたに!!!」と説明があり、「女性につくって欲しい」願望は相変わらずでした。

入れる食材は？

ひと口に肉じゃがといっても、使う食材は人によって違います。肉とじゃがいも以外でよく使う食材をアンケートで聞いたところ、たまねぎが1位、にんじんが2位、しらたき・糸こんにゃくが3位で、それぞれ100人を超えていました。ぶなしめじ、マロニー、焼き豆腐、卵、かぼちゃなどもありました。彩りとして使う青味は「いんげん」と書いた人が最も多く24人で、ほかにグリンピースなども挙げられています。あまり論争はされませんが、青味に何を使うか、あるいは入れないかにも好みが表れますね。

使うじゃがいもに指定があるレシピ、ないレシピがあることにも気づきました。ホクホク感とやわらかさを求めるなら男爵いも、煮崩れを防ぎたいならメークイン、季節感を出すなら新じゃがといったところが目立ちます。クックパッドの食の検索データサービス「たべみる」のデータにはさつまいもがあり、じゃがいも以外を使う人も最近は増えつつあるようです。実を言うと、私はだいぶ前からスタンダードな肉じゃがをつくっていませんが、鶏肉とさつまいもの組み合わせではよくつくります。

食材論争：牛か豚か

さて、同じ肉じゃがでも使う肉の種類は、家庭によって地域によって千差万別です。特に肉じゃがの食材論争でよく取り上げられるのが、肉の種類です。その実情をアンケートとクックパッドの「たべみる」の肉じゃがデータから、確認していきましょう。

料理経験がある人が多かったアンケートに対し、クックパッドでは、初心者の検索頻度が高い結果が出ました。アンケートでは、豚肉派が126人で最も多く、牛肉が80人、

●肉じゃがでよく使う食材（肉とじゃがいもをのぞく・複数回答可）（アンケート）

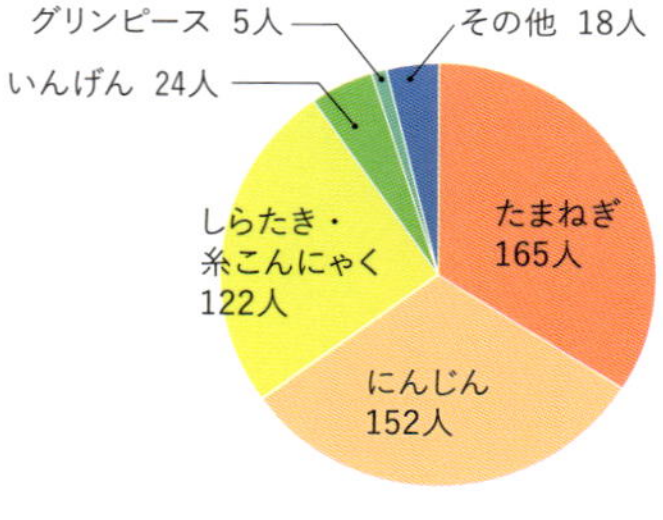

ほかに鶏肉が20人、ひき肉が9人いました。

下の表を見てください。クックパッドで「肉じゃが」のキーワードとあわせて検索される肉の種類は、データがある２０１３（平成25）年以降２０２２年まで、トップは豚。牛肉は２０１４年から２０１６年は2位ですが、２０１７年以降は3位。下の表は肉のみで表していますが、実は２０２２年以降、検索される食材全体では3位にじゃがいもが入り込むので、牛肉は総合4位なのです。近年の家庭料理での牛肉離れの傾向が、肉じゃがにも表れていると言えそうです。私を含め、関西人は「肉と言えば牛肉」と思いがちですが、世代交代が進めば「昔は肉じゃがに牛肉を使ったんですよ」と言われるのでしょうか。肉じゃがもカレーも牛肉で育った私には、少し寂しい未来です。

ほかの肉も比べてみましょう。ひき肉は２０１３年と２０１７年から２０２２年に2位で、２０２３年は1位。鶏肉は安定の4位。牛肉よりは豚肉が、豚肉よりは鶏肉がヘルシーイメージを持たれることが多いことも考えると、若い世代中心のデータで割安なひき肉と鶏肉が選ばれることがあるのは、家計対策とヘルシーさを求める今の消費者の気分が表れていると思われます。

味つけ論争

使う調味料にもバリエーションがあります。クックパッドの検索では、調味料の

●「肉じゃが」とあわせて検索される肉の種類ランキング

	2013年	2014～2016年	2017～2022年	2023年
1位	豚	豚	豚	ひき肉
2位	ひき肉	牛肉	ひき肉	豚
3位	牛肉	ひき肉	牛肉	牛肉
4位	鶏	鶏	鶏	鶏

※肉の表記は原文のとおり
※使用ツール：クックパッド 食の検索データサービス「たべみる」https://ad.cookpad.jp/tabemiru
※SI値:Search Indexの略で、1000回あたりの検索頻度です

●肉じゃがで使う肉の種類（アンケート）

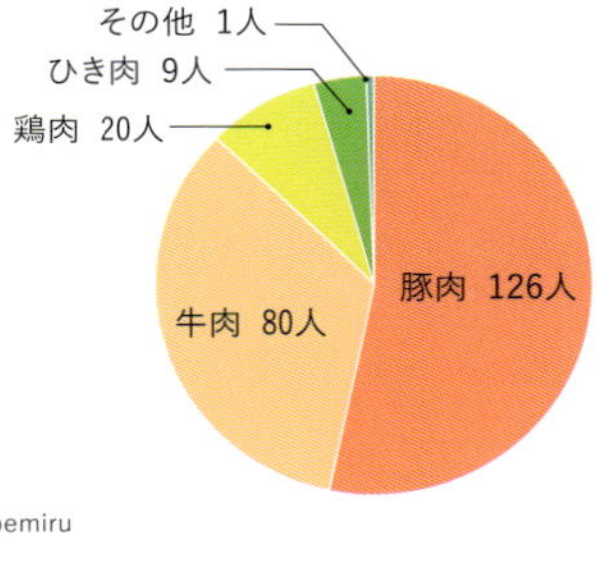

トップが2013年から2023年まで不動のめんつゆ。次に多いのがすき焼きのタレ。2014（平成26）年以降は2位です。3位争いをしているのが白だしと塩。また、塩麹やバター、味噌、酒も検索されています。あわせ調味料を駆使する人が目立つ、SNS出身の料理家が活躍する時代と重なり、あわせ調味料を使ったレシピがぐんと増えたようです。

アンケートでは、醤油・砂糖・塩以外の調味料として挙げられたトップがみりん、2位がめんつゆ、3位が白だし、4位が焼肉やすき焼きのタレでした。それ以外のバリエーションとして、出汁、酒、はちみつ、ごま油、しょうがなどが挙げられていました。カレー粉で風味を変える、はちみつを砂糖代わりに使う、といったコメントもあります。カレーと同じく、肉じゃがにも「わが家の味」があり、独自に工夫する様子がうかがえます。

レシピは、水または出汁を加える派、水分を加えない派に分かれていました。水分なしを売りにしているレシピもあります。味が際立つことや、焦げつかせず生煮えにしない工夫があることを謳《うた》いたいのかもしれません。一方で、出汁を加えるものはうま味がより強くなります。近年は料理全般で出汁の人気は高いです。

皆さんの肉じゃがを調べてみると、確かにひとまとめにしにくいありようが浮かび上がります。家庭によって好みが分かれ、歴史の中での位置づけも変わっていく。いったいなぜ、そんなに肉じゃがの立ち位置は安定しないのでしょうか？　次章では、肉じゃがの歴史をたどることで、そんな肉じゃがの不思議に迫ってみたいと思います。

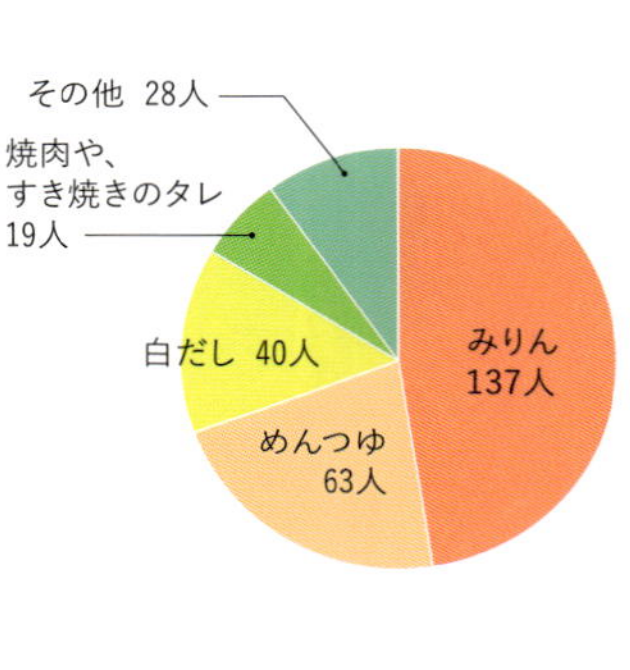

●肉じゃがで使用する調味料（アンケート）

●「肉じゃが」とあわせて検索される調味料ランキング

	2013年	2014～2017年	2018～2023年
1位	めんつゆ	めんつゆ	めんつゆ
2位	塩	すき焼きのタレ	すき焼きのタレ
3位	塩麹	塩	白だし
4位	すき焼きのタレ	白だし	塩

※使用ツール：クックパッド 食の検索データサービス「たべみる」https://ad.cookpad.jp/tabemiru
※ SI値：Search Index の略で、1000回あたりの検索頻度です

2章

日本の肉じゃが

「肉じゃが」はどこから来て、どこへ行くのか？
発祥から、最新レシピまでを時代ごとに検証します。

日本の肉じゃが創成期

明治時代〜1970年代

ここからは、日本における肉じゃがの歴史をご紹介したいと思います。しかし残念ながら、日常の家庭の食事はほとんど記録が残っていません。そのため、家庭料理はほとんどいつ、誰が、どのように生み出したのか、断定できる情報はないのです。とはいえ、膨大な資料を調べた研究者たちによって、肉じゃがについてはぼんやりとした道筋が発掘されています。まずはその道筋をたどって、肉じゃがの始まりを探しましょう。

軍人が考案したって本当？

まずは肉じゃが以前と始まりの「肉じゃが創成期」からスタートしましょう。『読売新聞家庭面の100年レシピ』（読売新聞生活部編、文藝春秋）は、海軍発祥説や、すき焼きが発展したという説、野菜の煮ものからの自然発生説など、諸説あることを紹介しています。私は、いもの煮ものからの自然発生ではないかと思います。

特によく聞く海軍発祥説が本当かどうか、『オムライスの秘密　メロンパンの謎　人気メニュー誕生ものがたり』（澁川祐子、新潮文庫）が検証しています。発祥の地を名乗るのは、京都府舞鶴市と広島県呉市。舞鶴市は、考案者とされる東郷平八郎が1901（明治34）年、初代海軍司令長官として赴任した地でした。発祥説の根拠は、現存する最古の肉じゃがレシピが掲載されたと言われる『海軍厨業《ちゅうぎょう》管理教科書』の1938（昭和13）年版が舞鶴市にだけ残されていることです。すると、舞鶴市が発祥の地宣言をした2年後の1997年、呉市が「わが街こそは」と反論します。根拠は東郷が舞鶴着任より前、呉鎮守府に参謀長として赴任していたこと。東郷が考案者とされるのは、彼がイギリス留学中に食べたビーフシチューを忘れることができず、デミグラスソースの替わりに醤油と砂糖を使って部下につくらせた、という伝説があるからです。

しかし明治時代の日本で、西洋料理は食べることができました。『明治西洋料理起源』（前坊洋、岩波書店）が1890（明治23）年1〜7月刊行の東京のガイドブックを集め、90軒も西洋料理店をリストアップしています。すでにハヤシライスが明治期にあったことを考えると、東郷も西洋料理店などでデミグラスソースを使ったビーフシチューを食べることができた可能性は高かったと思います。

肉じゃがの元祖

澁川が見つけた最も古いレシピは、1902（明治35）年に書かれ、1917（大正6）年に改訂された『家庭日本料理法』（大倉書店）の「牛肉の雑煮」です。牛肉をさいの目に切って鍋に入れ、じゃがいもとにんじん、たまねぎを加えて混ぜ、水と砂糖を入れ煮てから醤油を加えれば完成。これは肉じゃがと言えそうです。

『家庭日本料理法』は日本初の女性向け料理教室、赤堀割烹《かっぽう》教場（現赤堀料理学園）を開いた赤堀峯吉が、娘の赤堀菊子、孫の3代目峯吉の妻である赤堀みち子とつくって

元祖肉じゃが？『家庭日本料理法』の「牛肉の雑煮」は現代の味つけと比較すると、かなり甘味が強い

います。日本女子大学校（現日本女子大学）や赤堀割烹教場などで教えたレシピをまとめたそうです。1902年版は赤堀料理学園のウェブサイトで、『日本料理法』という別タイトルで紹介されています。出版社は実業之日本社、著者は2人は同じですが赤堀みち子ではなく、峯吉の孫の赤堀吉松が共著者の1人。同学園に問い合わせたところ、著者が入れ替わったのは、吉松が宮内省大膳職《だいぜんしき》に就いたためではないか、とのことでした。

『日本料理法』の牛肉や豚肉、鶏肉のページに、肉とじゃがいもの煮ものはありません。改訂版が出た大正時代は、西洋料理がご飯に合う洋食にアレンジされ、コロッケが流行しています。それは肉やじゃがいもなど、西洋から入ってきた食材が、この頃になると定着していたからでしょう。肉じゃがが生まれるには、これら「西洋食材」が広がることが必要です。この15年間で家庭料理も肉を使いこなす現代に1歩近づいたことが、肉じゃがのルーツ探しをしたことで見えてきました。

『国民食の履歴書　カレー、マヨネーズ、ソース、餃子、肉じゃが』（魚柄《うおつか》仁之助、青弓社）は、1898（明治31）年に刊行された『日本料理法大全』（石井治兵衛、博文館）の「馬鈴薯の煮やう」がルーツではないか、としています。じゃがいもを煮て小麦粉を加え、牛肉を入れて塩味をつけ、風味づけに山椒や唐辛子を使う料理です。海軍ではビーフシチューを食べていましたが、洋上では時間がかかるデミグラスソースをつくる代わりにこうした「日本的ビーフシチューのようなもの」をつくっていたから、としています。東郷元祖説が正しければ、ビーフシチューもどきが肉じゃがに発展した可能性はあるかもしれませんが、東郷説が本当かどうか怪しいのにルウ入り肉じゃががルー

『家庭日本料理法』1922（大正11）年版の表紙。今のレシピ本とはまったく違うテイストですが、素敵な手帳のようなデザインですね

ツの正解なのか。本書では肉じゃがを家庭料理としていることもあり、『家庭日本料理法』を元祖としたいと思います。

「肉じゃが」誕生！

では、「肉じゃが」という呼び名は、いつからあるのでしょうか。最も早い記述を見つけたのが魚柄です。それは『主婦と生活』（主婦と生活社）1950（昭和25）年1月号。食糧難が少しずつ改善しつつあったGHQ占領下。配給される外食券が必要だった外食券食堂のメニューの1つとして、「肉ジャガ」の名前があります。しかし、使っている食材は定かでありません。わかるのは、当時17円だったという価格だけです。

1963（昭和38）年に出た、『家庭看護入門』（大矢仁美、三一書房）は、一般の人ができる病気やケガに関する看護法の本。「食事をおいしく」という項目内の、結核と腎臓病の合併症の人向け献立に、肉じゃががありました。材料は鶏肉、じゃがいも、にんじん、サラダ油、砂糖で分量も書いてありますが、つくり方の説明はない。もしかするとレシピが見つからないだけで、戦後間もない時期から、肉じゃがは家庭料理の仲間入りをしていたのかもしれません。使われている肉が鶏なのは、病人向けのアレンジなのか、それともまだ肉に何を使うか定まっていなかったからなのでしょうか。

最初のレシピは、『きょうの料理』（NHK出版）テキストにありました。1964年5月27日の放送で、レシピを提案した尚《しょう》道子は沖縄にルーツがあります。タコさんウインナーの考案者としても知られ、同番組で1959（昭和34）年、最初に時短レシピを

日本で最初の肉じゃがレシピが掲載された1964年の『きょうの料理』。レシピは本書60ページ

紹介した料理家です。夫の尚明はダイニングキッチンを導入した日本住宅公団で、開発に当たった重要メンバーの1人でした。

食材は牛肉、新じゃが、新たまねぎ、新にんじん、さやえんどうで、調味料は油・砂糖・みりん・醤油・化学調味料。春の料理です。化学調味料とは味の素などのうま味調味料のことで、この頃のレシピで多用されていました。鍋でかき混ぜつつ強火で煮る、手早い調理です（レシピは60ページ）。

その後長らく「肉じゃが」レシピは紹介されませんでしたが、1975年頃から女性誌でも料理名として使われ始めます。

定着初期の肉じゃがレシピ

肉じゃががレシピがあまり紹介されていなかったことは、和食を教える昭和後期の代表的な料理家の土井勝が、1970～1980年代のレシピ本で、肉じゃがをほとんど紹介していなかったことからわかります。土井が当時紹介した貴重なレシピが、1977（昭和52）年に刊行された『土井勝・おふくろの味』（講談社）にのっているので、確認しましょう。

材料は、牛薄切り肉、じゃがいも、たまねぎ、糸こんにゃく、青ねぎ、水と砂糖・酒・醤油を使います。肉の一部を1枚ずつ鍋で広げて焼いて焦がし、砂糖を入れ、砂糖が少し焦げたら残りの肉とほかの食材を入れて酒をかけ水を加える、と彼が本拠地としていた大阪のすき焼きのように調理していることがわかります。

「おふくろの味」の生みの親、土井勝『土井勝・おふくろの味』（図版は新装版）。レシピは本書63ページ

同じ年、土井と両雄だった料理家の田村魚菜も、妻の田村千鶴子との共著『魚菜「料理大事典」』（学校法人魚菜学園出版局）で紹介しています。こちらは、豚こま切れ肉とゆで卵を使い出汁で煮ます。土井は大阪が本拠地で、田村は東京・自由が丘で現在まで続く料理教室を開きました。どちらも第二次世界大戦で従軍経験があり、戦後にこれからは家庭が大切、と女性たちに、料理上手な良妻賢母になることを望んでいました。

土井は牛肉、田村は豚肉を使うところに東西の違いが表れています。田村のレシピは、鍋に調味料と出汁を入れ、肉とじゃがいもを加えて落としぶたをして煮る。沸いてきたら中火にして3～4分煮込んでから肉だけ引き上げ、煮詰まったら肉を戻して醤油を追加し、炒り煮する。どちらもていねいな調理法ですね。

牛か豚か、にんじんの有無、水分を加えるか加えないか、時短かていねいか、など初期の3レシピだけでも多様性があるところが興味深いところです。

「おふくろの味」全盛期　1980年代

家庭料理の世界にもあったバブル期

時代は、メディアが「おふくろの味」を連呼した肉じゃがの全盛期でもある、1980年代に移ります。レシピが紹介されるようになってわずか1世代にもかかわらず、肉じゃがが伝統料理と思われた理由は、先行研究で日本人がいもの煮ものに親しんできたことに加え、経済の高度成長で生活が激変したことが挙げられていました。私はそこにもう1つ、この頃は一部の家庭で料理が高度になったバブル期と言える状態だった点を加えたいと思います。経済のバブル期は1987年頃から1990年頃。家庭料理については、おそらく1970年代終わり頃から始まっていたと思います。

この時期をバブル期と私が考えるのは、一汁三菜が定番と思われるようになったことや、手間のかかる料理が流行ったことからです。しかし同時に時短ブームも起こっていました。オイルショックの影響を受けたこの時期、男性の給料が伸び悩んだことや、1970年頃から始まる第二波フェミニズム・ムーブメント、1980年代から1990年代にかけての第三波のムーブメントもあって、経済的自立と家計補助のため働く既婚女性が増え、切実に時短レシピが必要とされていました。一方、専業主婦にとどまったのは、経済的にゆとりがある人が中心でした。家庭生活は便利になり、子どもの数が少なく子育ての手間も減りました。システムキッチンが登場し、日本のキッチンが最も広くなった時期。そして1970年代末頃から、フランス料理からグルメブームが始まります。

専業主婦など料理好きな女性の間で流行った、時短とは真逆の手間がかかる料理についてご紹介しましょう。『きょうの料理』では、1978（昭和53）年5月には点心を陳建民が教える、同年10月には武者小路千家の千澄子が懐石料理を教える、1980年1月にはホテルオークラの小野正吉がフランス料理のソースを教える、といった手の込んだレシピが紹介されていました。読者の要望で1979年に刊行された『パーティをしませんか』（入江麻木、鎌倉書房）といった、パーティ料理を紹介するレシピ本も人気でした。

1980年前後は、日本の食卓が最も栄養バランスがよかった時代でもありました。和食はよく食べられていましたし、そこに肉や乳製品、油脂も摂れる洋食や中華が加わり、共働き主婦も専業主婦も、栄養バランスに配慮しつつ可能な限りていねいでバラエティのある食事づくりを心がけていました。しかし、この時期はアルコール依存症など、主婦の病理が社会問題になった時代でもあります。女性が独りで苦労を背負う無理は続かず、続く世代は結婚や出産か、仕事かの選択をするようになっていきます。

平成に入ると家庭料理のバブルは崩壊。コンビニや持ち帰り弁当店が定着したこの時期、食の安全・安心財団の調査で、外食とテイクアウトの中食を合わせた食の外部化率

家庭料理のバブル期には、パーティ料理を紹介するレシピ本も多く刊行された

は、1975年から1990（平成2）年まで1割以上も伸びて4割を超え、その後は4割以上で高止まりします。おふくろの味連呼は、手づくりを食べたかった男性の、心の叫びだったのかもしれません。

「おふくろ味」の肉じゃがとは？

この時代を象徴するレシピとして最初にご紹介したいのが、1987年刊行の辻勲監修『辻クッキングお料理教室　わたしのおかず』です。辻は1923（大正12）年に大阪市で生まれ、1959（昭和34）年に辻学園日本調理師学校（現辻学園調理・製菓専門学校）を創立。同校は1917（大正6）年に父の辻徳光が東京で創立した「日本割烹講習会本部」が前身。「日本最初の料理学校」とホームページで謳っています。

同書に掲載された肉じゃがレシピの話に移りましょう。ページの前半は、「煮方のポイント」解説です。「火の通り具合や味のつき方が均一になりにくい」ため、鍋を振って材料の上下を入れ替える「鍋返し」、煮えにくいものを鍋の中央に置き、煮えやすいものをその周りに並べて煮る「鍋割り」を紹介しています。調味料は砂糖↓塩↓酢↓醤油（昔の言葉で「せうゆ」）↓味噌の順で入れる、いわゆる「さ・し・す・せ・そ」がポイントです。

肉じゃがなどの煮ものは、かんたんなようで味や食材のかたさを理想通りにするのが難しい料理です。娘が母の腕前に、妻が義母に敵わない、と思ってしまいがちな要因でもあります。そこに、肉じゃががおふくろの味とされる根拠が見えます。この時期のて

和食の基本に忠実な『辻クッキングお料理教室　わたしのおかず』。レシピは本書66ページ

いねいなレシピには、火の回りを均一にする方法など、よりおいしくするひと手間が多いですが、そのていねいさが実は上達への早道でもありました。その後の料理家たちは、初心者が手軽においしい肉じゃがをつくる方法論を探すことを、課題の1つとしていきました。

女性料理家のレシピは？

2つ目にご紹介したいのが、1987（昭和62）年に発売された『ミセス愛蔵版 河野貞子のおふくろの味』（文化出版局）からです。『テレビ料理人列伝』（河村明子、NHK出版）によると、河野は1899（明治32）年に山口県で生まれ、昭和後期にもっとも有名だった料理家の江上トミと飯田深雪より先に、海外に住んだ経験がありました。乳飲み子の娘を抱え、商社マンの夫と1919（大正8）年にニューヨークへ旅立ったのです。現地で世界各国のレストランで食べ歩き、ホテルのシェフから料理を習ったりしました。

有名な2人についてもご紹介しておきます。江上トミは河野と同い年で熊本県生まれ。陸軍技官だった夫とパリへ行き、一流料理学校のル・コルドン・ブルーで学んで帰国後に料理教室を開きます。戦後に東京へ進出し、テレビで有名になりました。飯田深雪は1903（明治36）年に埼玉県で生まれ、ハルビンで子ども時代を過ごしています。外交官の夫とシカゴやコルカタなどに住み、ホームパーティを開く経験を積みました。

貴重な海外体験を積み、おそらく和食を再発見した河野のレシピのポイントは、牛肉

ていねいなつくり方に読者への配慮を感じる『ミセス愛蔵版 河野貞子のおふくろの味』。レシピは本書64ページ

がかたくなったり味が出てしまわないように、たまねぎやしらたきを加えて炒め煮した後にいったん取り出し、肉のうま味がついた煮汁でじゃがいもを煮ることです。青味は使わず、針しょうがを飾ります。うま味がしみこんだじゃがいもを、しょうががキリッと引き締める肉じゃがです。

1980年代の最後を飾るレシピは、平成に入ってすぐの1989（平成元）年に料理のコツを記したエッセイ集『村上昭子　伝えたい家庭の味』（村上昭子、家の光協会）にのっています。村上昭子は1927（昭和2）年に東京で生まれ、青春時代を戦争に奪われます。戦後になって国民生活学院に通い、家事評論家の吉沢久子に出会って、吉沢の後押しで料理家になりました。村上は日本各地で失われつつあった郷土料理を発掘し、記録する仕事もしています。地域の和食を後世に残そうと試みた村上は、同書の「肉ジャガは煮ものの入門コース」という章で、肉じゃがのつくり方をくわしく解説しています。

肉じゃがは2人家族であっても4人分をつくるのがおいしい、としたうえで、「男の方にとっては煮ものの代名詞のようなものであるらしく、『いま、いちばん食べたい料理は？』というアンケートの1位は、決まって肉ジャガです」と書いています。つまり昭和が終わる頃には、すっかり肉じゃがが定着していたことがわかります。

エッセイということもあり、説明はていねいです。じゃがいもは面取りし、水にさらします。たまねぎは2回に分けて加えます。特に初心者向けなのは、サラダ油を入れて熱してから、鍋をいったん火からおろして肉を入れ油を絡める工程です。熱したまま肉を入れると、鍋肌に肉がくっつく可能性があるからです。初心者が困りそうな工程を変えることで、「肉じゃがは難しい」と敬遠されるのを回避しようとしているのです。

割烹着姿の「おふくろ」たち

このように、河野と村上のレシピを文章化すると、手順が細かくてめんどうな料理に思えなくもありません。今はできるだけ工程をシンプルにするレシピが一般的なので、余計に手間がかかるように思えます。しかし、素材の持ち味を生かし、難しい煮ものを上手に仕上げるには、こうした気遣《づか》いこそ大切かもしれません。

興味深いのは、河野も村上も自ら進んでおふくろ役を演じたように見えることです。村上のトレードマークは着物に割烹着姿でした。高度経済成長期に料理研究家の代名詞的存在だった江上トミも、売りはおふくろさんイメージでした。そして、河野も今回ご紹介した『河野貞子のおふくろの味』の表紙（29ページ）で、着物に割烹着を着て写っています。

2人がどこまで、世間に流行する「おふくろの味」のイメージを意識していたかはわかりませんが、この頃、割烹着姿に母親を感じる人が多かったこともあり、愛情深い古風な母親イメージを自ら背負う必要があったのかもしれません。

着物に割烹着がトレードマークの村上昭子と、その後3代目料理家に成長するきじまりゅうた

肉じゃが転換期

1990年代〜2010年代前半

ライフスタイルが注目された栗原はるみ

1990年代後半、現役世代の既婚女性で仕事を持つ人が専業主婦を上回り始め、次第にその割合が拡大していきます。バブルの絶頂期に、「ダブルインカム・ノー・キッズ」を略したDINKSという言葉が流行し、子どもを持たない夫婦が目立ち始めていました。ライフスタイルは人それぞれ、と認知されたこの時期、定着したばかりの肉じゃがレシピは、早くも変容を迫られ「肉じゃが転換期」を迎えます。家事と育児を背負い外で働く人はもちろん、趣味などに熱心な人、育児と介護を背負う人も、料理する時間を捻出するのは大変です。

1990年代を代表する料理家の1人が、栗原はるみです。今回、肉じゃがをピックアップした『ごちそうさまが、ききたくて。』（文化出版局）は200万部超えのベストセラーで、店頭で生き残る競争が激しい新刊書店に、今でも置かれ続けています。

この本が画期的だったのは、料理のつくり方だけでなく、すてきなライフスタイルを紹介するノンフィクションと呼べる内容だった点です。紹介される料理はすべて、栗原が実生活でつくってきた料理。撮影場所は栗原の自宅で使っている器も私物、さらにレ

200万部を超えるベストセラー。栗原はるみの『ごちそうさまが、ききたくて。』。レシピは本書70ページ

シピに短いエッセイをつけ、生活を一部公開するような内容でした。もともと1980年代に、『LEE』（集英社）などで仕事していたことも影響したかもしれません。

この頃主婦雑誌が売れなくなり、次々に休刊していきました。家族に仕《つか》える主婦像をベースにした旧来の主婦雑誌に替わって、自分らしさを大切にする新世代をターゲットにした『オレンジページ』（オレンジページ）などが、続々と創刊されます。1983（昭和58）年創刊の『LEE』はファッション誌寄りで、料理家自身を憧れの対象として描きました。栗原には、「ハルラー」と呼ばれる髪型やファッションも真似た主婦のファンが大量につき始めます。「カリスマ主婦」とも呼ばれて、憧れの料理家の筆頭に挙げられるほどでした。『ごちそうさまが、ききたくて。』には、最後に熱い油をジューっとかける中華サラダ、食卓の真ん中に置いた土鍋で蕎麦を温めるランチパーティなど、ひと工夫でおしゃれにできるレシピがたくさん入っています。

徹底的に試作し精度の高いレシピを提案したことも、人気の秘密です。何しろ、レシピはいくらていねいに書いても、使っているコンロの微妙な火加減、調味料のブランド、鍋、そのときどきで質が異なる食材などでその都度条件が変わってしまうため、必ずしも狙った通りの料理にできないことがあります。しかし焼肉のタレを使った栗原のレシピは、味がブレにくいこともあり、再現性が高いです。

時短料理で名を馳せた小林カツ代

憧れの主婦像と見られた栗原に対し、小林カツ代は「家庭料理のプロ」を自任していました。栗原より年上で戦中生まれの小林は、戦後すぐの民主教育を受けた世代でもあり、自立意識がとても高かったと思います。私が好きな彼女のエピソードをご紹介しましょう。

１９９４（平成６）年、当時一世を風靡していた料理対決番組『料理の鉄人』（フジテレビ系）で、「主婦の代表」として出演依頼を受けた小林が、料理家の自分を主婦の代表とするのは、主婦業に専念する女性にもプロの料理人にも失礼だ、とその肩書を断ったことです。かっこいいではありませんか。

１９８０年代から時短レシピで名を馳せた彼女が『料理の鉄人』で披露したのは、浅めの鍋で強火で煮続ける肉じゃがでした。その翌年に小林は、『小林カツ代のフライパン１つあれば！』（雄鶏社）で、焼く料理や炒める料理にとどまらず、煮込みもフライパン１つで料理する方法を伝えるレシピ本を刊行。今は、サバの味噌煮など少人数向けの煮込みをフライパンでつくる人は珍しくないと思いますが、当時は画期的だったのです。今回は、同書からフライパンによる肉じゃがレシピをご紹介します。

小林は、旧来の常識にとらわれずに新しい調理法を次々と考案し、男女を問わずたくさんの人から支持されました。もちろん、時短以外のレシピもたくさん生み出しましたが、時短レシピが家庭料理の世界で市民権を得るうえで、彼女の貢献は大きかったと言えるでしょう。

おしゃれなフランスの鍋で肉じゃがを

肉じゃがをはじめ、炒める、焼く以外のフライパンレシピを集めた初のレシピ本、『小林カツ代のフライパン１つあれば！』。レシピは本書72ページ

肉じゃがレシピ史の中で、調理道具を換える提案をした1人に、平野由希子がいます。彼女が２００３（平成15）年に出した『「ル・クルーゼ」で、おいしい和食』（地球丸）から、ル・クルーゼの鍋を使ったレシピをご紹介します。ヨーロッパには、厚手鍋の長い歴史があります。鋳物ホーロー製で密閉性と保温性が高いこの鍋は、日本の炊飯鍋に通じるふたの重さ、鍋の分厚さが特徴です。さらに、塗料を使ったカラフルな鍋は日本にないものでした。和の煮ものはそれまで薄手の鍋が使われてきましたが、確かに厚手の鍋でつくってもおかしくない。むしろラクで時短になるかも。そんな発想の転換をもたらしてくれたのが彼女だったのです。この本が出た翌年、消費生活の楽しさを全面に押し出した生活情報誌『Ｍａｒｔ』（光文社）が創刊されてル・クルーゼの鍋をさんざん推し、あっという間に大ブームになりました。

ベテランたちの知恵

大正生まれの城戸崎愛は、グルメな嫁ぎ先の家族にすすめられて東京會舘《かいかん》クッキングスクールに通い、商社勤務の夫の転勤で住んだパリのル・コルドン・ブルーでも学んでいます。１９８０年代に「ラブおばさん」の愛称で若い女性に支持された城戸崎は、晩年も木村拓哉ファンを公言するチャーミングな人でした。バターたっぷりのフランス料理が好きな彼女らしいバター入りレシピを『伝えたい味』（集英社）からご紹介します。

杵島《きじま》直美は、１９８０年代のレシピを紹介した村上昭子の娘。全国の郷土料理に精通した母から学んだ知恵は、おそらく料理のつくり方だけではないでしょう。今回ご紹介

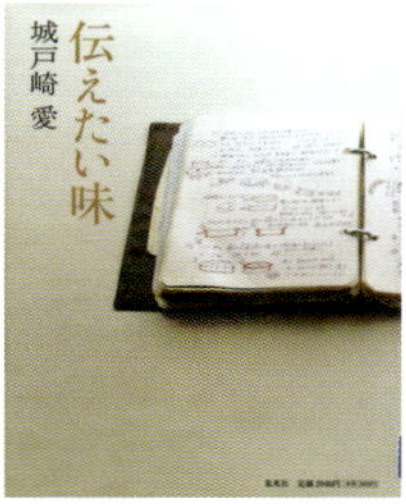

フランス料理がベースになっている、城戸崎愛らしいバター肉じゃがを紹介する『伝えたい味』。レシピは本書76ページ

する『主婦の友　新実用BOOKS　つくりたい！人気おかず』（主婦の友社）のレシピは、母から受け継いだじゃがいもの面取りがポイント。昭和時代は面取りすることが、煮崩れしない煮ものづくりの大切なコツとされていました。1980年代の「おふくろの味」にも通じますが、完成した料理を食べさせる相手が、「おいしそう！」と思ってくれる「映え」も、当時のほうが重視されていたかもしれません。

平野レミは、小林カツ代とともに時短レシピを盛んに発信した料理家です。料理上手なのはもちろんですが、「ごっくんコロッケ」「松茸のブーブー炒め」「長ねぎの焼くだけ～」といった独自のネーミングセンスや、『きょうの料理』の初出演でトマトを手でつぶし鍋に入れる技が賛否両論になるといった個性が注目を集めてきました。しかし実は、味のよさで評価する人も多い、技術が確かな料理家です。今回は、2011年の東日本大震災で急速に利用者が増えたツイッター（現X）で、いち早く発信をしたレシピを集めた震災翌年刊行の『平野レミのつぶやきごはん』（宝島社）からご紹介します。

加熱は電子レンジにお任せだ

家庭用電子レンジの誕生は1965（昭和40）年ですが、「ご飯をチンするだけ」と思われていた昭和時代は、名だたる料理家がメーカーに依頼されてレシピを紹介しても普及しませんでした。普及率が9割を超えたのは1997（平成9）年。時間がかかったのは、「ご飯をチンする」以外の用途が昭和時代に見つけにくかったからでしょう。戦後食卓史を見ていると、新しい料理が家庭料理として定着するにはレシピ、加工食品、テイクアウト、外食と、食事を出す場がひと通り揃う必要があるようです。電子レンジは1985（昭和60）年のハウス食品工業（現ハウス食品）のレンジグルメシリーズ以降、加工食品が出たことが売れるきっかけでした。

　電子レンジの潜在力にいち早く気づいたのは、村上祥子。1980〜1990年代に母校の福岡女子大学で非常勤講師を務めた際、糖尿病の治療や予防のための食事がおいしくつくれる電子レンジの活用法を教えたとき、1人暮らしの学生たちが喜んだ姿を見たことがきっかけです。そして、個食や高齢化の時代にも対応できる、と電子レンジで完成させるレシピを研究し始めました。電子レンジ調理のコツは、耐熱容器にレシピ通りの順番に食材を入れ、加熱が終わったら全体を混ぜて食材に味をしみこませること、ラップでぴっちり容器を覆《おお》わないことです。ご紹介する肉じゃがレシピは『電子レンジ簡単レシピ100＋《プラス》』（永岡書店）に掲載されていました。

　同居家族がいる人向けのレシピがほとんどだった従来と異なり、瀬尾幸子は1人暮らしの人でも栄養が偏らず、手軽に調理できるレシピを発信する人です。和食もアジア料理も、おつまみも、揚げものも何でもござれ。電子レンジを使えば、肉じゃがの1人分も問題ない。『一人ぶんから作れるラクうまごはん』（新星出版社）からご紹介します。

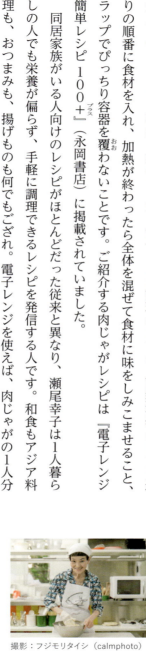

　このように、肉じゃがが転換期は、従来と異なる肉じゃがレシピが次々と考案され、多様なライフスタイルに対応していった時代だったのです。

撮影：フジモリタイシ（calmphoto）

電子レンジで完成させる調理法をいち早く取り入れた村上祥子。そのコツも、レシピでご紹介しています

肉じゃが戦国時代

2010年代後半

SNS全盛時代へ

「インスタ映え」という言葉が、ユーキャン新語・流行語大賞の年間大賞に選ばれたのは2017（平成29）年。スマートフォンが広がりSNSが定着したこの頃になると、インターネットは見るが既存メディアは利用しない若者たちの存在が、取り沙汰《ざた》され始めます。

レシピの世界がその潮流《ちょうりゅう》から逃れられるはずもなく、雑誌や書籍よりインターネットでレシピを見る人たちが多くなります。クックパッドやクラシルといったレシピ提供サービスに加え、ブログやSNSでレシピを発信する料理家または料理家予備軍が人気になって、レシピ本を出すようになってきました。従来と異なり、料理家のアシスタントや料理学校、飲食店などで専門教育を受けていない人も多いです。彼らの多くは料理が大好きな素人から始め、独学による研究と読者とのコミュニケーションを通して、レシピをブラッシュアップさせてきました。

従来の料理家に加え、SNS出身の料理家も加わり、肉じゃがレシピも群雄割拠《ぐんゆうかっきょ》する「肉じゃが戦国時代」にSNSで圧倒的な支持を得、2011（平成23）年にレシピ本デビューを果たしたのが、山本ゆりです。地元の大阪弁を交えたレシピ内のメモ欄や巧みな文章も人気でベストセラーを次々に出し、エッセイ集も3冊出版しています。

読者の要望に応えて考案するSNS出身の料理家たちのレシピは、家庭料理の今も映し出しています。山本が2019（令和元）年に出した『syunkonカフェごはん　レンジでもっと！絶品レシピ』（宝島社）の「塩肉じゃが」は、塩と鶏ガラスープの素などで味つけします。はっきりしたわかりやすい味つけは、SNS出身の料理家たちのレシピで目立つ特徴です。ラーメン屋など人気になる庶民的な店の味がどんどん濃くなっているといった、はっきりした味を好む現代人の嗜好《しこう》が表れているとも言えます。

家電・鍋…道具を駆使するレシピ

山本は電子レンジレシピの研究者でもあり、村上祥子に続く世代のトップランナー、と私は見ています。うどんやパスタなどの麺類はもちろん、調味料をかけて電子レンジで加熱する「鶏のうまだれ蒸し」など、「インスタント食品よりかんたん?」と驚く時短レシピを次々と発信しています。家族が少ない、生活時間がバラバラといった家庭が増えた今、少人数調理に向く電子レンジレシピは、すっかり一般化しました。

「肉じゃが転換期」で、ル・クルーゼを活用した平野由希子のレシピをご紹介しましたが、この頃になると特定の調理器具を指定したレシピ本は次々と出てきています。もちろん、それらのレシピ本でも肉じゃがは紹介されています。ル・クルーゼと並ぶフランスの鋳物ホーロー鍋ブランドのストウブや、名古屋の町工場が開発したバーミキュラ

さまざまなツールを使った肉じゃがレシピもどんどん登場した（著者私物）

のレシピ本は何冊も出ています。どちらもル・クルーゼと同じ鋳物鍋です。昭和後期に流行し根強い人気を誇るビタクラフトは私も持っていますが、この鍋に使われている金属はステンレスとアルミです。鋳物鍋と同じく、重くて密閉性が高く無水調理に向いています。

昭和後期には、ビタクラフトやオーブンなど、独自の調理術を必要とする調理道具には、たいていレシピ冊子がついていました。しかし最近は、レパートリーを増やすガイドが欲しい人は、市販される専用レシピ本を買わなければなりません。

専用レシピ本が発行される調理家電で、２０１０年代後半にブームとなり、コロナ禍でさらに人気になったのが、ホットクックなどの電気鍋です。材料と調味料を入れて予約スイッチを押し朝家を出れば、帰宅時には料理が完成しているので、多忙な人たちに喜ばれました。スイッチを押すと調理が始まるシンプルな台湾発の大同電鍋も、台湾ブームに乗って人気が広がりました。

これらの調理道具専用のレシピ本にも、肉じゃがレシピは紹介されています。重いふたの圧力で、少ない水分で蒸し煮する鋳物鍋を使えば、時短になると同時に、炒める油が少なくて済むのでカロリーも抑えられるからヘルシー、と思われることも人気の要因です。電気鍋や大同電鍋は、レシピに従って正確に操作すれば、初心者でもベテランがつくったかのような肉じゃがができる点が魅力で、「煮もの上手」になれることが、これらの調理道具が売れる理由でしょう。

時短レシピでは、ポリ袋での調理を提案する例もあります。洗いものを減らせるなど

昭和後期、調理家電にレシピ本が付属するのが当たり前だった（著者私物）

時短文脈での紹介が多いですが、災害が増えた今の時代、ポリ袋調理術は、ふだんより制約が多くなりがちな非常時にも役立つ技術です。『油を使わずヘルシー調理！ポリ袋レシピ』（川平秀一、泰文堂）は、鍋で湯を沸かし、材料一式を入れたポリ袋ごとゆでれば、ふだん料理しない人でも手軽につくれるレシピ本です。こうした知恵があれば、電気やガスが止まっても、ポータブルのコンロで鍋などの洗いものを減らしつつ、かんたんに調理できそうですね。

男性が台所に入る時代だからこそ

２０１０年代後半、子育て期も仕事を続ける女性がようやく増えてきました。それは環境が整ってきたこと、共働きが必要なことなどが要因です。いつの時代も幼児の世話と仕事を両立させるのは至難の業。そして2度目の時短レシピブームが始まりました。

何しろ男性の勤務時間短縮はなかなか進まず、女性がワンオペで家事や育児をせざるを得ない家庭はいまだに多いのです。それでも、家事や育児に積極的に参加する男性が増えてきました。夫婦で力を合わせて仕事をして家庭も回す、と考えるカップルが多くなったのは、男性の所得減少に加え「家事・育児は女の仕事」と考えない人が増えてきたからです。40代以下の男性は家庭科共修時代に育ったので、学校で家事・育児は女性だけがやるべきだと教わってはいません。また、１９９０年代半ば以降に男性が料理するテレビ番組やＣＭが増え、キッチンに立つ男性はかっこいい、と刷り込まれるようになった影響も大きいと思います。

新しい調理家電も続々と登場。それに合わせてさまざまなレシピ本も出ています

すると、「お母さんが家族のために料理する」前提の既存レシピは使いづらい、と感じる男性が出てきます。男性はどちらかと言えば、論理を重視します。「適量、少々ってどのぐらい？」という質問をする男性が、料理教室にいるそうです。そこで登場したのが、「ロジカル」というキーワードでした。調理はそもそも化学なので、「野菜を炒めて油をまとわせてから塩を加えるのは、浸透圧で水分を出させないため」などと説明されれば理解できる人も多いのでしょう。そして、この説明がうれしいのは必ずしも男性だけではなく、より理解が深まって料理しやすい、と女性たちも歓迎したのです。そんな流行を表す本が『誰でも1回で味が決まるロジカル調理』（前田量子、主婦の友社）で、肉じゃがレシピも、同書には煮る前に油で炒めるとじゃがいものペクチンが流れ出さないといった「おいしさの公式」の解説がついています。

ベテランたちの方法論

SNS全盛時代になったとはいえ、レシピの世界がSNS出身者だけになったわけではありません。ベテランのおいしい肉じゃがレシピもあります。その1つが『江上料理学院　90年のベストレシピ100』（江上栄子・江上佳奈美、東京書店）。江上料理学院は、高度経済成長期に一世を風靡した江上トミが、1955（昭和30）年に東京で設立した料理学校です。熊本の地主の家で育った少女時代、たくさんの使用人を指揮する母親から教わった料理や、ル・コルドン・ブルーで学んだこと、戦後に自費で海外各地を回って料理を研究した知見も、彼女の血肉になっています。共著者の1人、江上栄子はトミの息子の妻です。引き継いできた知恵と学院での経験が、肉じゃがレシピにも生きています。

松田美智子は、アメリカ人男性と結婚した戦後生まれの大ベテラン、ホルトハウス房子に師事して各国料理を学び、日本料理や中国家庭料理も教わったのち、ケータリングなどの仕事を経て1993（平成5）年に料理教室を開いた正統派です。

2010年代後半は、世界各国の飲食店が各地にあり、国内でもさまざまな外国料理を食べられる環境になった時代です。日本人のグルメ化が進んで、今日はイタリア料理、明日はインド料理と、さまざまな国や地域のグルメを楽しむ人が珍しくなくなりました。2013（平成25）年に和食がユネスコの無形文化遺産に登録されてから和食が見直されましたが、あまりに多くの料理が身近になった結果、現代の私たちにとって何が和食か見えづらくなってきています。そんなときに松田が出したレシピ本が、『日本の味』（主婦と生活社）でした。現代的にアップデートされた肉じゃがのポイントは、じゃがいもと肉だけのシンプルさです。

松田美智子の原点とも言える実家の味の肉じゃがを紹介する『日本の味』。レシピは本書80ページ

肉じゃが多様性の今
２０２０年以降

コロナ禍と料理人レシピ

いよいよ、世界中をパニックに陥れた新型コロナウイルスが蔓延《まんえん》する時代を体験した現在にたどり着きました。コロナ禍で在宅勤務になって移住するなど、社会の急激な変化で生き方を見つめ直した人も多かったことは、肉じゃがにもより多彩なレシピが登場する多様性にも結びつきます。というのは、２０２０（令和２）年、世界中に広がった新型コロナウイルスは、人と人の距離が近いと感染しやすいため、ワクチンや薬が開発され使用が広がるまで2年以上も、私たちは外食を控えざるを得なくなりました。そして、より幅広い経験値の人たちが、台所に立つようになったからです。飲食店は、生き残るためにテイクアウトサービスを始めます。人気料理人は、ユーチューブで家庭でも役立ちそうなレシピを考案し、発信し始めました。それは家庭で、料理のレパートリーが足りない、自分の味に飽きた、と困る人が多かったからです。

　本書ではここまですべて、料理家のレシピを紹介してきました。しかし実は、レシピが発信され始めた戦前から、プロの料理人も家庭向けのレシピを考案し、発表しています。昭和後期は帝国ホテルの村上信夫、ホテルオークラの小野正吉、懐石料理「辻留」

コロナ禍をきっかけに宅配のテイクアウト利用や自炊が増え、レシピもより多様化

の辻嘉一、21世紀になってからは「菊乃井」の村田吉弘など、テレビの料理番組で人気になった料理人も、数え上げればキリがないほどです。

ここまで何回か取り上げた『料理の鉄人』は、1993（平成5）年から1999年に放送され、料理人をスターにすることに貢献しました。料理対決というジャンルを確立し、今や世界各国で料理対決番組が放送または配信されています。異種格闘技をイメージして実況中継し、若い男性たちを夢中にさせた番組は、一般の人が見たことがないプロの技や食材、調味料などを続々と登場させ、日本人のグルメ化を加速させました。ジャンルが異なる料理人同士が対決した結果、巷《ちまた》でジャンル横断的なフュージョン料理が増えるのにも一役買いました。立役者の1人、道場六三郎が『鉄人の台所』という自身のユーチューブチャンネルで、2021（令和3）年に公開した肉じゃがのレシピ動画があります。つくり方は、にんじんとじゃがいもを圧力鍋で蒸し、たまねぎはフードプロセッサーでみじん切りにし、肉は調味料に浸して味をなじませ、最後に全部をフライパンで混ぜ合わせる。そして、八方出汁（出汁に醤油とみりんを加えた手づくりのあわせ調味料）に漬けておいた絹さやをトッピングする、というレシピでした。

私たちが取り上げたのは、「賛否両論」という和食店を営む人気料理人、笠原将弘のコロナ禍で大ヒットした『和食屋が教える、劇的に旨い家ごはん』（主婦の友社）のレシピです。食材を焦げ目がつくまでフライパンでしっかり焼きつけることがポイントで、食材が持つうま味が閉じ込められ、少し焦がすことで新しい味になります。焦げ味は最近、料理の世界で流行していて、その香りや香ばしさを楽しむ料理が、飲食店でもよく

プロの料理人ならではの技を伝授する『和食屋が教える、劇的に旨い家ごはん』。レシピは本書86ページ

提供されるようになりました。そんな現場を知るプロならではの、トレンドのお裾分けレシピです。

王道を行く女性料理家たち

大庭英子は、テレビＣＭや企業などの分野で料理をしてきたせいか、気軽につくれるレシピを発信する料理家です。人前に出るのが苦手でテレビに出ず、料理教室も開かないので知る人ぞ知る存在ですが、私の周りで彼女のファンと自認する人たちはなぜか、だいたい料理好き。そんな大庭が『おいしい家庭料理の作り方　料理研究家歴40年の結論。大切なコツはちょっとしたことなんです。』（大庭英子、Ｇａｋｋｅｎ）で発表した肉じゃがレシピは、しょうががアクセントの甘過ぎない現代風です。

新しい料理家も次々誕生しています。約10年の料理教室主宰経験ののち、２０２２年に初のレシピ本を出した今井真実は、ｎｏｔｅで発信するレシピのファンがすでにいたこともあり、あっという間に人気者になりました。昭和時代から世界の料理が身近にあった神戸市で、おいしいもの好きな家庭で育った今井は、小学生でカルボナーラづくりにハマったつわものです。今回ご紹介する『フライパンファンタジア　毎日がちょっと変わる60のレシピ』（家の光協会）に登場する「無水肉じゃが」は、ひき肉をほぐさず焼きつけて塊っぽく使う、たまねぎは半分を薄切り、半分をくし形切りにする、といった工夫で食感が多彩になり食べる人が飽きないように配慮されています。時短レシピ全盛時代に、あえてそんなひと工夫をしておいしくするレシピが目立つからこそ、おいし

これからの時代を牽引していくと思われる料理家の１人、今井真実『フライパンファンタジア』。レシピは本書90ページ

さを求める人たちの間でおそらく一気にブレイクしたのだと改めて気づかせてくれるような肉じゃがです。

男性たちが支持するレシピ

ＳＮＳ時代になって、ユーチューブなどでレシピを発信する男性の料理家が増えました。昭和時代は、男性の料理家も主婦に向けてレシピを発信していましたが、平成初期にデビューした小林カツ代の息子、ケンタロウから様相が変わり始めました。彼のレシピの魅力は、男性がつくって食べたい豪快な料理で濃いめの味つけだったことでした。家庭科共修世代が大人になった時代とも重なって、その後は男性が自分のためにつくる料理のレシピを発信する人が増えていきます。

その代表と言えるのが、今回肉じゃがレシピをご紹介する『リュウジ式　至高のレシピ　人生でいちばん美味しい！基本のレシピ１００』（リュウジ、ライツ社）。彼はホテル勤務などを経て、毎日同じメニューをつくる料理人より新しい料理を次々発信できる料理家になりたい、とユーチューバーになりました。インターネットでバズる斬新かつ「食べたら止まらない」レシピも数多く発信しています。そんなリュウジのＳＮＳが人気を集め、レシピ本が売れるのは、今までにない発想の「彼のレシピが最高においしい」、と感じる支持者がたくさんいるからです。

私には、男性料理家のレシピは味つけが濃いように感じられます。身体の構造の違いによるのでしょうが、男性と女性では、男性のほうが濃いめの味を好む傾向があるよう

お酒にも合うと男性の圧倒的支持を得るリュウジの肉じゃがを紹介する『リュウジ式 至高のレシピ』。レシピは本書87ページ

です。わが家では私がちょうどいいと思う味つけにした料理に、夫が醤油や塩を足す、夫がつくったスープに私がお湯を足す、といったことが日常茶飯事だからです。もしかすると、男性の中には女性が家庭でつくる薄味料理に、もの足りなさを感じていた人がいるかもしれません。いずれにせよ、料理家の背景が多彩になればレシピの世界も広がる。さまざまな人が活躍する時代を予感させる活躍ぶりだと思います。

キッチンに注目した初のレシピ

「肉じゃが戦国時代」で紹介したように、調理道具に注目したレシピ本は最近ずいぶん多くなりました。しかし、調理環境に注目したレシピ本はこれまでなかったように思います。有名料理家やセレブは、収納力も作業台も十分にあるキッチンを手に入れられます。一方で、地価が高い都会の住まいはもちろん、地方でも特に賃貸住宅のマンションやアパートの場合、調理スペースが十分にないなど、料理の現場を知らない人がつくったとしか思えないキッチンが多くあります。1人暮らし向けの賃貸住宅に至っては、「若者の1人暮らしで自炊しないだろう」、と決めつけてつくったとしか思えない極小サイズのキッチンが珍しくありません。それは例えば、コンロが1つしかない、調理台がない、壁に囲まれた狭い空間で逃げ場がほとんどないといったキッチンです。そんな場所で食材を何種類も切り下ごしらえする、いくつもバットを並べるといった作業が必要な料理はつくりにくい。1人暮らしの人向けの本には、狭いスペースに配慮しつつ考案したレシピも出てきましたが、環境の狭さがデフォルトではない。そんな環境の厳しさにフォーカスした、本邦初のレシピ本が『極狭キッチンで絶品！自炊ごはん』（きじまりゅうた、新星出版社）です。

　きじまは、これまでにご紹介した村上昭子の孫で杵島直美の息子です。つまり3代目料理家。レシピ作成にとどまらない技術力の高さときめ細かな配慮は、祖母や母から受け継ぎ自ら咀嚼《そしゃく》し広げてきた知恵の結集です。そんなきじまが想定したのは、コンロ1口、狭めのシンクが壁に挟まれたキッチンで、その空間のすべてを活用するレシピを作成しています。シンクの中はもちろん、電子レンジの上も、フライパンの中もみんな調理台として使う。現代人が好みそうな料理がひと通り紹介され、調理台がなくても、工夫次第で何でもつくれることを教えてくれる本です。その中で紹介された肉じゃがは、じゃがいもを電子レンジで下ゆでしつつ、肉とたまねぎをフライパンで炒める同時並行の作業による時短レシピです。

　こうして100年余りを一気にたどったことで見えてきたように、誰もが知っている肉じゃがには、日本の私たちが歩んできた道筋が、ぎっしり詰まっているのです。次章はいよいよ、ご紹介した多士済済《たしせいせい》のレシピを写真とともにご紹介します。ぜひ、気になったレシピは活用し確かめてみてください。

料理家一家の3代目のきじまが、おいしさはもちろん、つくり手の環境にまで配慮した『極狭キッチンで絶品！自炊ごはん』。レシピは本書92ページ

肉じゃがの歴史

肉じゃがの基本食材はどれも、江戸時代の日本人にはなじみがなかったものです。じゃがいもは南蛮貿易時代に西洋人から伝えられましたが、寒い山間部の一部を除いて広まることはなく、本格的に栽培が始まったのは明治以降。一般的に使われるようになったのはおそらく、肉とじゃがいもとにんじんとたまねぎ、というカレーライスに使う食材の定番が決まった、大正時代から昭和初期にかけてと思われます。

肉も大っぴらに食べられるようになったのは、1871（明治4）年に明治天皇が肉食再開宣言をしてからで、そのあたりから畜産が発展し、庶民も日常的に肉を食べられるようになったのは、増産に力を入れた戦後でした。いわば、「西洋食材でできた和食」が肉じゃがです。これらの食材が使われるようになったのは、西欧列強に負けない身体をつくろうと国を挙げて取り組んだから。このように、肉じゃがの成立には、政治や経済などの歴史が結びついています。以下に掲載した肉じゃがの年表は、当時の食文化に関するトピック、社会的な事件と見比べられるようにしました。紹介した肉じゃがのレシピは3章でご紹介しますので、どうぞお楽しみに！

肉じゃがの歴史

1600（慶長5）年頃
じゃがいもが日本へ伝来

～

肉じゃが創成期

1871（明治4）年
明治天皇が肉食再開宣言　明治20年代じゃがいもが浸透し始める

1898（明治31）年
『日本料理法大全』（石井治兵衛、博文館）に、小麦粉でとろみをつけ肉とじゃがいもを煮るレシピが登場

1908（明治41）年
北海道の七飯村（現七飯町）で男爵いもの栽培を始める

1917（大正6）年
『家庭日本料理法』（赤堀峯吉・赤堀菊子・赤堀みち子、大倉書店）が刊行　メークインが伝来

1922（大正11）年
読売新聞が「牛肉とジャガイモニンジン玉ネギの煮込」レシピを紹介

食文化に関するトピック

1871（明治4）年　『安愚楽鍋　牛店雑談』刊行　「牛鍋食わねば開けぬ奴」と言われ、牛鍋ブームに

1872（明治5）年　「築地精養軒」開業

1895（明治28）年　「銀座煉瓦亭」開業　4年後にとんかつの原型を開発

1904（明治37）年　三越呉服店がデパートメントストア宣言

1910（明治43）年　横浜・元町で「不二家」開業

1911（明治44）年　銀座で「カフェー・プランタン」「カフェー・パウリスタ」「カフェー・ライオン」開業

1913（大正2）年　料理ページに力を入れる雑誌『料理の友』（大日本料理研究会）創刊

1917（大正6）年　『主婦之友』（主婦之友社、現『主婦の友』『主婦の友社』）創刊　「コロッケの唄」流行

1929（昭和4）年　大阪・梅田で阪急百貨店開業。食堂を併設、ライスカレーが人気に

1930（昭和5）年　日本橋三越でお子さまランチ（御子様洋食）が誕生

社会的な事件・話題

1871（明治4）年　日清修好条規

1872（明治5）年　新橋―横浜間で日本初の鉄道が開業

1879（明治12）年　琉球処分、沖縄県を設置

1886（明治19）年　学校令公布、小学校・中学校・師範学校・帝国大学などからなる学校体系が整備

1889（明治22）年　大日本帝国憲法発布

1894（明治27）年　日清戦争開戦、翌年終結。台湾を植民地にする

1899（明治32）年　高等女学校令公布

1904（明治37）年　日露戦争開戦、翌年終結

1910（明治43）年　韓国併合　大逆事件

1914（大正3）年　第一次世界大戦、4年後終結

1917（大正6）年　ロシア革命

1923（大正12）年　関東大震災

1925（大正14）年　成人男性が満25歳以上で選挙権を持つ普通選挙法が成立　治安維持法制定　ラジオ放送開始

1929（昭和4）年　世界恐慌

1931（昭和6）年　満州事変

1932（昭和7）年　五・一五事件　満州国建国

1933（昭和8）年　日本が国際連盟脱退を通告（1935年に発効）

1937（昭和12）年　日中戦争開始　日独伊三国防共協定

1941（昭和16）年　太平洋戦争開戦

1945（昭和20）年　第二次世界大戦終結、日本はGHQの統括下へ　国際連合発足　財閥解体、農地解放　女性参政権が認められる

肉じゃがの歴史

1950(昭和25)年
『主婦と生活』(主婦と生活社)1月号で、四谷見附の外食券食堂の献立として「肉ジャガ」を紹介

1963(昭和38)年
『家庭看護入門』(大矢仁美、三一新書)で、結核・腎臓合併症の夕食献立例として肉じゃがとその材料を紹介

1964(昭和39)年
『きょうの料理』(NHK)が5月27日の放送で、新野菜のレシピとして肉じゃがを紹介

1975(昭和50)年
『主婦の友』(主婦の友社)12月号付録「愛情なべ料理と100円おかず」で肉じゃがを紹介。以降、すべて料理名は「肉じゃが」

1977(昭和52)年
『魚菜「料理大事典」』(田村魚菜・田村千

食文化に関するトピック

1940(昭和15)年　高知県でまずコメの切符配給制が始まり、順次全国で食料が配給制になっていく

1949(昭和24)年　さつまいもの自由販売始まる。順に食料の配給制度がなくなっていく

1952(昭和27)年　東京渋谷の東横百貨店(現東急百貨店)池袋の西武百貨店で、冷凍食品売り場を設置

1955(昭和30)年　東芝が初の電気炊飯器を発売

1957(昭和32)年　『きょうの料理』(NHK)放送開始

1958(昭和33)年　日本住宅公団の団地にステンレスシンクのキッチン導入　日清食品がインスタントの「チキンラーメン」を発売

1965(昭和40)年　松下電器産業(現パナソニック)が家庭用電子レンジを発売　コールドチェーン勧告

1966(昭和41)年　野菜生産出荷安定法制定

1968(昭和43)年　エバラ食品が「焼肉のたれ」を発売　大塚食品が世界初のレトルト食品、「ボンカレー」を発売

1970(昭和45)年　減反政策開始　東京・国立で「すかいらーく」1号店開業

1971(昭和46)年　「マクドナルド」1号店開業　「ロイヤルホスト」1号店開業

1974(昭和49)年　「セブン‐イレブン」1号店が東京・豊洲で開業

1977(昭和52)年　三菱電機がオーブンレンジを発売

社会的な事件・話題

1947(昭和22)年　日本国憲法施行　労働基準法、教育基本法制定　労働省(現厚生労働省)設置

1950(昭和25)年　朝鮮戦争勃発　警察予備隊設置

1951(昭和26)年　サンフランシスコ平和条約、日米安全保障条約(安保条約)調印

1952(昭和27)年　ヨーロッパ石炭鉄鋼共同体(ECSC)、のちのEU発足　日本、独立国に

1953(昭和28)年　朝鮮戦争休戦　奄美群島返還　テレビの本放送開始

1956(昭和31)年　国際連合に加盟　日ソ国交正常化

1958(昭和33)年　東京タワー完成

1960(昭和35)年　安保改定で60年安保闘争勃発　池田勇人首相の国民所得倍増計画

1963(昭和38)年　名神高速道路開通

1964(昭和39)年　東海道新幹線開通　東京オリンピック開催

1965(昭和40)年　アメリカがベトナムで北爆開始

1968(昭和43)年　日本が世界第2の経済大国に　小笠原諸島返還

1970(昭和45)年　大阪で日本万国博覧会開催

1972(昭和47)年　日中国交正常化　沖縄返還

1973(昭和48)年　国際相場が固定相場制から変動相場制へ　第一次オイルショック

1975(昭和50)年　初の先進国首脳会議(サミット)開催　ベトナム戦争終結

1976(昭和51)年　ロッキード事件

1979(昭和54)年　アメリカ、スリーマイル島で原子力発電所事故　国連で女性差別撤廃条約採択

鶴子、学校法人田村魚菜学園出版局）
『土井勝・おふくろの味』（土井勝、講談社）

「おふくろの味」全盛期

1987（昭和62）年
『ミセス愛蔵版　河野貞子のおふくろの味』（河野貞子、文化出版局）で紹介　『辻クッキングお料理教室　わたしのおかず』（辻勲監修、辻学園出版事業部）

1989（平成元）年
エッセイ集『村上昭子　伝えたい家庭の味』（村上昭子、家の光協会）で肉じゃがを紹介

肉じゃが転換期

1992（平成4）年
『ごちそうさまが、ききたくて。』（栗原はるみ、文化出版局）で、焼肉のタレを使ったレシピを紹介

1995（平成7）年
『小林カツ代のフライパン1つあれば！』（小林カツ代、雄鶏社）で、フライパンで煮るレシピを披露

2003（平成15）年
『ル・クルーゼ』で、おいしい和食』（平野由希子、地球丸）

1981（昭和56）年　『ESSE』（扶桑社）創刊
1983（昭和58）年　『美味しんぼ』が『ビックコミックスピリッツ』（小学館）で連載開始
1985（昭和60）年　厚生省（現厚生労働省）が1日30品目の摂取を呼びかける食生活指針を発表　ハウス食品工業（現ハウス食品）で電子レンジ対応加工食品「レンジグルメ」発売　『オレンジページ』（オレンジページ）創刊　『クッキングパパ』が『モーニング』（講談社）で連載開始
1990（平成2）年　『dancyu』（プレジデント社）創刊　ティラミスブーム
1993（平成5）年　コメ市場の部分開放が始まる　平成コメ騒動　『料理の鉄人』（フジテレビ系）が放送開始（1999年まで）　中学校で家庭科が男女共修にナタデココブーム
1994（平成6）年　高校で家庭科が男女共修に
1996（平成8）年　グルメ情報のインターネットサイト「ぐるなび」誕生
1997（平成9）年　パティシエブーム
1998（平成10）年　「クックパッド」がサービス開始
2000（平成12）年　渋谷の東急百貨店東横店でデパ地下「東急フードショー」開業、デパ地下ブーム
2003（平成15）年　「ディーン&デルーカ」日本上陸

1985（昭和60）年　プラザ合意　国民年金の第3号被保険者制度創設　日本航空123便墜落事故
1986（昭和61）年　チェルノブイリ（チョルノービリ）原発事故　男女雇用機会均等法、労働者派遣法施行
1989（平成元）年　冷戦終結　消費税（3パーセント）導入　リクルート事件　天安門事件
1990（平成2）年　東西ドイツ統一　改正入国管理法施行　1.57ショックで少子化が注目される
1991（平成3）年　ソビエト連邦崩壊　湾岸戦争勃発　育児・介護休業法成立
1993（平成5）年　非自民の連立政権で日本新党の細川護熙が首相に　外国人技能実習制度が創設
1994（平成6）年　携帯電話の売り切り制開始
1995（平成7）年　阪神・淡路大震災　地下鉄サリン事件　沖縄米兵少女暴行事件　インターネット元年
1997（平成9）年　消費税を5パーセントに引き上げ　山一證券、北海道拓殖銀行が破綻
1998（平成10）年　長野冬季オリンピック　日本債券信用銀行、日本長期信用銀行破綻
1999（平成11）年　iモードなどで携帯電話がインターネットにつながる　カメラつき携帯電話が登場
2001（平成13）年　アメリカ同時多発テロ事件　アフガニスタン戦争勃発
2002（平成14）年　北朝鮮拉致被害者5人が帰国　日韓共催ワールドカップ開催
2003（平成15）年　イラク戦争勃発

肉じゃがの歴史

2005（平成17）年　『主婦の友　新実用BOOKS　つくりたい！人気おかず』（杵島直美、主婦の友社）

2008（平成20）年　『伝えたい味』（城戸崎愛、集英社）

2011（平成23）年　『電子レンジ　簡単レシピ100＋』（村上祥子、永岡書店）

2012（平成24）年　『一人ぶんから作れるラクうまごはん』（瀬尾幸子、新星出版社）で、1人分の電子レンジレシピを紹介『平野レミのつぶやきごはん』（平野レミ、宝島社）で「韓流肉じゃが」を紹介

2013（平成25）年　ローソンでチルド商品の「肉じゃが」発売開始

肉じゃが戦国時代

2016（平成28）年　『日本の味』（松田美智子、主婦と生活社）

2017（平成29）年　『江上料理学院　90年のベストレシピ100』（江上栄子・江上佳奈美、東京書店）

食文化に関するトピック

2007（平成19）年　『きのう何食べた？』が『モーニング』で連載開始

2008（平成20）年　『男子ごはん』（テレビ東京系）が放送開始

2012（平成24）年　『孤独のグルメ』（テレビ東京系）が放送開始

2013（平成25）年　『東北食べる通信』（NPO法人東北開墾、現雨風太陽）創刊　和食がユネスコの無形文化遺産に登録

2014（平成26）年　レシピの時短ブーム始まる

2015（平成27）年　シャープが電気無水鍋「ヘルシオ　ホットクック」を発売

2016（平成28）年　パクチーブーム

社会的な事件・話題

2004（平成16）年　新潟県中越地震　スマトラ島沖地震

2005（平成17）年　日本で人口減少が始まる

2008（平成20）年　リーマン・ショック　ツイッター・フェイスブックの日本語版開始　スマートフォンが日本で販売開始

2011（平成23）年　東日本大震災、東京電力福島第一原発事故

2012（平成24）年　東京スカイツリー開業

2014（平成26）年　消費税が8パーセントに引き上げ

2016（平成28）年　マイナンバー制度が運用開始

2017（平成29）年　#Me Too運動

2018（平成30）年
『誰でも1回で味が決まるロジカル調理』（前田量子監修、主婦の友社）

2019（令和元）年
『ｓｙｎｋｏｎカフェごはん　レンジでもっと!絶品レシピ』（山本ゆり、宝島社）

肉じゃが多様性の今

2020（令和2）年
『和食屋が教える、劇的に旨い家ごはん』（笠原将弘、主婦の友社）

2021（令和3）年
『リュウジ式　至高のレシピ　人生でいちばん美味しい!基本のレシピ１００』（リュウジ、ライツ社）

2022（令和4）年　『おいしい家庭料理の作り方　料理研究家歴40年の結論。大切なコツはちょっとしたことなんです。』（大庭英子、Ｇａｋｋｅｎ）

2023（令和5）年
『フライパンファンタジア　毎日がちょっと変わる60のレシピ』（今井真実、家の光協会）

2024（令和6）年
『極狭キッチンで絶品!自炊ごはん』（きじまりゅうた、新星出版社）

2019（令和元）年　タピオカミルクティーブーム

2018（平成30）年　西日本豪雨

2019（令和元）年　過去最強クラスの台風15号　消費税が10パーセントに引き上げ

2020（令和2）年　新型コロナウイルス感染症が世界中に広がる

2022（令和4）年　ロシア－ウクライナ戦争勃発

2023（令和5）年　イスラエル、ガザ攻撃開始

2024（令和6）年　能登半島地震

Column 1

マンガやテレビで登場する肉じゃが

肉じゃがは、マンガにも登場します。いくつかの人気作品から拾ってみましょう。まず、『モーニング』（講談社）の長期連載『クッキングパパ』（うえやまとち）から。主人公は仕事も家事も完璧な福岡市在住の会社員男性で、得意な料理で人を癒やします。2001（平成13）年に発売された64巻623話は「ホクホク!!　新《ニュー》肉ジャガ」で、荒岩は上京した際、訪ねた義弟が風邪で寝込んでいるのを見かね、肉じゃがをつくります。料理を見ようと起き出した義弟は、一眼レフを取り出して肉じゃがを撮影し、雑誌で連載中の“わが家の夕食”が１本できた、と大喜び。荒岩は「一気に治っちまったようだな」とあきれます。きっと、優しさが感じられる肉じゃがに、義弟は元気をもらったに違いありません。

長期連載のマンガ『クッキングパパ』64巻より
©うえやまとち／講談社

マンガ原作のドラマ『深夜食堂』（TBS系）は、新宿歌舞伎町で深夜営業する食堂が舞台。2009年放送の第2部第9話「肉じゃが」は、常連の金本（金子清文）が美しい恋人を連れてきたところから始まります。肉じゃがを食べた恋人は、子どもの頃貧乏だったからこんな牛肉入りは食べられなかった。今度つくってあげる、と金本をホロリとさせます。その場にいた忠《チュー》さん（不破万作）が別の日、いい話として伝えた常連の女性たちは、そんな美人がバツイチの金本を選ぶのは変、「つくる相手がいない女はいい女じゃないと？」「孤独死しろと？」などと忠さんに絡むのです。やがてその美人の恋人が「肉じゃが詐欺」常習犯と判明。肉じゃがで婚約詐欺が成立する時点で、男性の甘さを表現した内容ですが、鋭く怪しさを嗅ぎ当てる女性と、家庭的な話に騙《だま》される男性の対比が見事です。

ＳＮＳで人気に火がついた昨年発売のマンガ『じゃあ、あんたが作ってみろよ』１巻（谷口奈津子、ぶんか社）は、ていねいに料理する女性が理想の海老原勝男が、料理上手で理想的な恋人の山岸鮎美にフラれ、反省するところから始まります。ふだんから料理する後輩男性の白崎が持参した弁当には、めんつゆで味つけした肉じゃがが入っていました。「手抜き」と批判した海老原は、また反省しめんつゆからつくる。海老原は自分でつくることで料理の大変さを知ることになるのですが、初心者にしては上手過ぎるのが気になります。

いずれも、肉じゃがに家庭のぬくもりを求める男性を主人公にしたエピソードですが、特に後半の２作がそんな昭和的な価値観を相対化する作品になっていて、今後はどんな視点で描かれる肉じゃがエピソードが出てくるのかな、と期待したくなりました。

日本の肉じゃがレシピの決まりごと・注意事項

●レシピは原本に忠実に書いています。そのため、言葉の使い方や1人分の目安量、食材掲載順などはレシピごとに異なります。

●肉じゃがの写真はすべて撮り下ろしです。

●言葉の表現は原本通りですが、表記は本書のルールに揃えています。

●過去のレシピの常識が、時代が変わって今は異なる場合があります。例えばしらたきは、現在売られている商品は下ゆで済みのものが主流なので、ゆでる必要はありません。特に説明が必要なものについては、注釈(※)を入れています。

●メモ欄は、レシピを再現してつくる際の注意点やポイントを解説しています。

●元のレシピについていたメモは、注釈で入れています。

●レシピの出典は、「ここから!」で記しています。

●大さじは15ml、小さじは5ml、1カップは200mlです。「ひとつまみ」は親指、人さし指、中指の3本でつまんだ分量で小さじ1/6～1/5程度、「少々」は親指、人さし指2本でつまんだ分量で、小さじ1/6未満です。

●特に記載がない場合は、醤油は濃口醤油、塩は自然塩、砂糖は上白糖、酒は純米酒、みりんは本みりん、油はサラダ油を使っています。

●じゃがいもは指定がない場合は男爵いもを使っています。

●電子レンジやコンロなどの調理器具は、機種や環境によって違いがあるので、様子を見ながら調整してください。

●鍋は、指定がない場合は直径30cmのフライパンまたは直径26cmの雪平鍋、直径26cmの両手鍋を使っています。

●特に指定がない場合は、ガスコンロを使用しています。指定がない場合の火力は中火です。

3章

日本の肉じゃがレシピ

日本肉じゃが史を代表するレシピをご紹介します。
ぜひお気に入りの肉じゃがを見つけてください。

1964（昭和39）年

本邦初のレシピは時短だった！

尚道子の肉じゃが

確認できる「肉じゃが」のレシピは、これが最初。
『きょうの料理』の創成期を支えた1人、
尚道子のレシピは強火で煮るのがポイントです。

ここから！

『きょうの料理』
1964年5-6月号
NHK出版

材料（5人分）

新じゃがいも … 500g
牛こま切れ（または並肉）… 200g
新たまねぎ …（中）3個
新にんじん … 150g
さやえんどう … 少々
油 … 大さじ3
調味料※1＝砂糖・みりん・醤油・化学調味料※2

つくり方

1 じゃがいも、にんじんは、ひと口大に切る。

2 たまねぎは8つ割りにし、さやえんどうは筋を取り、サッと色よくゆでる。

3 鍋に油を熱し、牛肉を炒め、色が変わってきたらじゃがいも、にんじん、たまねぎを加え、十分油が回るまで炒める。

4 **3**に砂糖大さじ2、みりん大さじ2、醤油大さじ4〜5、化学調味料少々を加え、ふたをし、ときどき鍋返し※3をしながら強火でじゃがいもがやわらかくなるまで煮る。

5 器に盛り、さやえんどうを散らし、温かいうちにいただく。

※1 分量はレシピ本文にあります。
※2 うま味調味料のこと。
※3 鍋を揺すりながら、の意味です。

1977（昭和52）年

ゆで卵を散らす彩りに愛を感じます

田村魚菜・田村千鶴子の肉じゃが

大きなじゃがいもは「これぞ肉じゃが！」
甘めのなつかしい味わいは、
豚肉を使った関東スタイルです。

材料（4人分）

豚こま切れ肉 … 150g
じゃがいも … 800g
ゆで卵 … $\frac{1}{2}$個
出汁 … 2カップ
調味料※1

つくり方

1 じゃがいもを大きめに切って皮をむき、サッとゆがいてザルに上げる。

2 鍋に出汁2カップ、砂糖大さじ5杯、醤油大さじ3杯、酒とみりん各大さじ1杯を計り入れ、ほぐした肉とじゃがいもを加え、落としぶたをして火※2にかける。

3 沸いてきたら中火にし、3〜4分煮込んで肉だけ引き上げ、ふたをして煮続ける。煮汁が$\frac{1}{3}$くらいになったら再び肉を入れ、醤油大さじ1杯を2回に分けて加え、強火にして炒りつけるように全体に味を絡ませて煮上げる※3。

盛りつけ　深い器にこんもりと盛り、彩りにみじん切りのゆで卵を散らす。

ここから！

『魚菜「料理大事典」』
田村魚菜・田村千鶴子、
学校法人魚菜学園出版局

※1 砂糖・醤油・酒・みりんを使っています。分量はレシピ本文にあります。
※2 強火にしました。
※3 元のレシピに「煮込んでいる途中で、鍋をゆすったり、何度もかき混ぜると、じゃがいもがつぶれてしまうのでご注意。」とコツの説明があります。

すき焼き風!?砂糖の使い方に技あり

土井勝の肉じゃが

昭和時代を代表する和食の料理家のレシピ。
茶色くなる一歩手前の砂糖を牛肉に絡める。
牛肉たっぷりなので、メインも張れます。

材料（4人分）

じゃがいも … 300g
たまねぎ … 400g
牛肉（薄切り）… 400g
糸こんにゃく … 200g
青ねぎ … 2本
油　調味料※1

ここから！

『土井勝・おふくろの味』
土井勝、講談社

つくり方

1 じゃがいもは皮をむいて水につけ、1個を4つ割りにし、かためにゆでてゆで汁を切ります。たまねぎは縦2つに切り、2cm厚さのくし形に切ります。糸こんにゃくは食べやすく切り、熱湯で1〜2分ゆでてざるに上げ、水気を切ります。

2 牛肉は4cm幅に切り、青ねぎは4cm長さに切っておきます。

3 底の広い厚手の鍋に油大さじ1½を熱し、牛肉※2を1枚ずつ並べるようにして焼き、少し焦げ色がつけば砂糖大さじ7を入れ、砂糖が少し焦げたら残りの肉と**1**を入れ、酒カップ⅓を全体にかけ、水カップ1を加えて沸騰すれば火を弱め、上に浮くアクをていねいにすくいます。

4 次に醤油大さじ5を入れ、落としぶたをして中火で煮、じゃがいもがやわらかくなれば青ねぎを入れてひと煮えします。

5 器に形よく盛り、煮汁をかけます。

※1 砂糖・酒・醤油を使っています。分量はレシピ本文にあります。
※2 鍋底に重ならないくらいの量を入れました。

1987（昭和62）年

河野貞子の肉じゃが

肉の味をいもに移す技ありレシピ

ていねいにつくる甘い肉じゃがに添えるせん切りしょうがは、すし屋のガリのよう。味変または口直しにぴったり！

材料（4人分）

じゃがいも … 600g
牛肉（薄切り）… 200g
たまねぎ … 1個
しらたき … 1玉
油 … 大さじ2
砂糖 … 大さじ4
醤油 … 大さじ6
酒 … 大さじ2
しょうが … 1かけ

つくり方

1 じゃがいもは、皮をむいて4つ割りにし、水に浸けておく。

2 しょうがは針しょうがにしておく。

3 牛肉は、食べやすいように、2、3カ所に包丁を入れて切る。

4 たまねぎは、縦2つに切って、繊維に直角に薄切りにする。

5 しらたきは、熱湯でサッとゆで、5cmぐらいに切る。

6 鍋に油を熱して、**3**の牛肉と**4**のたまねぎを炒め、砂糖大さじ3、醤油大さじ4、酒大さじ2を入れ、**5**のしらたきを加えてサッと煮る。

7 鍋から、牛肉、たまねぎ、しらたきを網じゃくしで取り出す。

8 その鍋に、水気を切ったじゃがいもを入れ、ヒタヒタになるくらいの水※1を加えてさらに煮る。

9 じゃがいもに竹串がスッと通るくらいになったら、残りの砂糖、醤油※2を加え、落としぶた、きせぶた※3をして、汁気が少なくなるまで煮る。

10 **9**の鍋に、**7**で取り出した牛肉、たまねぎ、しらたきを戻し、ひと煮立ちさせて器に盛り、針しょうがを天盛りにする。

※1 水の量は400mlです。
※2 砂糖は大さじ1、醤油は大さじ2。
※3 鍋のふたのこと。

ここから！

『ミセス愛蔵版
河野貞子のおふくろの味』
河野貞子、文化出版局

1987（昭和62）年

出汁が効いた「ザ・和食！」なレシピ

辻学園の肉じゃが

「おふくろの味」を推していた辻学園の
レシピは、さ・し・す・せ・その順に調味料を
入れる、といった和食の基本に忠実です。

ここから！

『辻クッキングお料理教室
わたしのおかず』
辻勲監修、辻学園出版事業部

材料（4人分）

牛薄切り肉 … 200g
じゃがいも … 500g
たまねぎ … 1個
サラダ油 … 大さじ2½
〈煮汁〉
出汁※1 … 2カップ
醤油 … 大さじ3½
砂糖 … 大さじ2
みりん … 大さじ2

下ごしらえ

1 牛薄切り肉は3～4㎝長さに切る。

2 じゃがいもは皮をむいて2つ切りにし、5～6分水にさらす。たまねぎは薄切りにする。

つくり方

1 鍋にサラダ油を熱して※2牛肉を炒め、色が変わったらたまねぎ、じゃがいもの順に加えて炒める。

2 たまねぎがしんなりして、じゃがいもの表面が透き通ってきたら出汁を加えて煮る。煮立ったらアクを取って火を弱め、落としぶたをしてさらに煮る。

3 砂糖、みりんを入れて5分くらい煮、半量ほどの醤油を加えて煮込む。

4 煮上がり際に残りの醤油を加えて※3、形よく器に盛る。

※1 出汁は昆布とかつお節で取ります。元の本には約5カップ分として、10cm角の昆布1枚、削りがつお20gを5カップの水で出汁を作る説明が別ページにあります。
※2 強火にしました。
※3 残りの醤油を加えてから、サッと煮ています。

1989（平成元）年

食べ応え十分の量、主菜にどうぞ

村上昭子の肉じゃが

鍋肌にくっつきやすい牛肉は火からおろしてサラダ油を絡める。初心者向けの気づかいが、和食の達人、村上昭子ならでは。

ここから！

『村上昭子
伝えたい家庭の味』
村上昭子、家の光協会

材料（4人分）

じゃがいも（男爵いも）… 4～5個（正味700g）
牛薄切り肉 … 200g
にんじん … 1本
たまねぎ … 2個
しらたき … 1玉
グリンピース（冷凍）… 大さじ2
調味料
- 醤油 … 大さじ5½
- 砂糖・みりん・酒 … 各大さじ2

サラダ油 … 大さじ2½

つくり方[※1]

1 じゃがいもは皮をむいたら、ひと口大に切って面取りをし、たっぷりの水に10～20分さらす。

2 しらたきを食べやすい長さに切ってから2～3分ゆで、ザルに上げて水気を切る。

3 たまねぎはざく切りにし、にんじんは5㎜ぐらいの厚さに切り、肉を食べよい長さに切っておく。

4 グリンピースは熱湯にくぐらせ、水気を切っておく。

5 鍋（直径24㎝の雪平鍋）を火[※2]にかけて熱し、サラダ油を入れたらいったん火からおろし、牛肉を入れて木杓子で油を絡め、再度火にかける。

6 牛肉の色が変わりかけたら、たまねぎの半量を加えて油が回る程度にサッと炒める。

7 しらたき、水気を切ったじゃがいもの順で加え、じゃがいもの表面が透き通るまで炒め合わせる。

8 ヒタヒタの水[※3]を加え、強火にする。煮立ってきたらにんじんを加えて弱火にし、アクを取りながら煮る。

9 3～4分ほど煮たら醤油、砂糖、みりん、酒を入れる。

10 再び煮立ってきたら、残りのたまねぎを加えて煮る。ときどき鍋を揺すり、弱火のまま15分ほど煮る。

11 じゃがいもに竹串を刺してスーッと通ったら、グリンピースを入れてひと煮し、火を止める。

※1 紙面の都合上、レイアウトを変更して記載しています。
※2 強火にしました。
※3 水の量は400ml。

1992（平成4）年

ベストセラーのレシピは再現性高し

栗原はるみの「焼き肉のたれの肉じゃが」

栗原はるみの大ヒット本から選んだレシピは、焼肉のタレをたっぷり使用しますが意外に薄味。しかも味が決まりやすいのです。

材料（4人分）

牛こま切れ肉 … 200g

じゃがいも … 4個

たまねぎ … 2個

ゆで卵 … 4個

市販の焼肉のタレ … 210g（1ビン）

つくり方

1 じゃがいもは4〜6つ割りにして、水にさらす。

2 たまねぎは2㎝幅のくし形切りに。

3 鍋を熱し、油はひかないで牛肉を炒め、肉の色がだいたい変わったら、じゃがいもとたまねぎを加えて炒め、焼肉のタレ、水$1\frac{1}{2}$カップを加えて煮る。

4 10分ほど経ったら、ゆで卵を加え、さらに、じゃがいもがやわらかくなるまで7〜8分中火で煮る。

ここから！

『ごちそうさまが、
ききたくて。』
栗原はるみ、文化出版局

1995（平成7）年

小林カツ代の肉じゃが

煮ものの世界に革命を起こした！

前年の『料理の鉄人』で勝利し皆を驚かせた、フライパンで強火で炒める調理法は画期的でした。肉の味がじゃがいもにしみた味わい深さです。

材料（2人分）

じゃがいも … 3個（大きめのひと口大に切る）
たまねぎ … ½個（繊維に沿って薄切り）
牛薄切り肉 … 100g（食べよく2 ～ 3つに切る）
a ┌ 砂糖 … 大さじ½
  │ みりん … 大さじ½
  │ 醤油 … 大さじ1½
  └ 水 … 大さじ2
サラダ油 … 大さじ1

つくり方

1 たまねぎを炒める※1。たまねぎに油が回ったら、いったん火を止め、真ん中を空け、ドカッと肉を広げるようにしておく。肉めがけてaの調味料を入れる。

2 **1**を再び強火にかけ、味を絡めるようにして煮る。

3 肉の色が完全に変わったら、じゃがいもと水※2をヒタヒタに加え、ふたをして10分煮る。

※1 調理器具はフライパンを使用。火力は強火。油をひいてから炒める。
※2 水の量は200ml 。

ここから！

『小林カツ代の
フライパン1つあれば！』
小林カツ代、雄鶏社

2003（平成15）年

鋳物鍋は煮もの上手、と伝えました

平野由希子の肉じゃが

まだ知る人ぞ知る存在だったル・クルーゼ。
ブーム化に貢献した平野由希子が紹介したのは、
和の煮ものの達人への近道でした。

材料（2〜3人分）

じゃがいも … 3個
たまねぎ … 2個
にんじん … 1本
サラダ油 … 小さじ1
豚こま切れ肉 … 200g
酒 … 大さじ3
みりん … 大さじ3
醤油 … 大さじ3
絹さや … 10枚

つくり方

1 じゃがいもは皮をむき、大きめの乱切りにして、水にさらす。たまねぎは繊維に沿ってくし形に切る。にんじんは皮をむき、ひと口大の乱切りにする。

2 ル・クルーゼを熱してサラダ油を入れ、油が熱くなったら豚こま切れ肉を入れて炒める。肉の色が変わったら**1**の野菜を加え、軽く炒め合わせる。

3 酒、みりんを加えてふたをし、弱火でじゃがいもがやわらかくなるまで煮る。

4 醤油を加え、ふたを開けたまま、さらに5分煮る。
⇒⇒塩分が入ると、さらに野菜から水分が出てくるので、ふたをはずして煮て、水分をほどよくとばす。
火を止めてしばらく置き、味をなじませる。

5 絹さやはヘタと筋を取って塩ゆでにし、せん切りにする。

6 器に**4**の肉じゃがを盛り、絹さやを飾る。

ここから！
『「ル・クルーゼ」で、おいしい和食』
平野由希子、地球丸

2005（平成17）年

じゃがいもの面取りに隠された使命感

杵島直美の肉じゃが

杵島直美は素材を小さく切って確実に火を通す。
料理の王道を行く、昔ながらの煮もののつくり方です。
バラエティある素材も、食べ手を飽きさせません。

材料（2人分）

豚バラ薄切り肉 … 100g
じゃがいも … 2個
たまねぎ … 縦½個
にんじん … 4cm
糸こんにゃく … ½玉
さやいんげん … 20g
A
- 砂糖 … 大さじ1
- みりん … 大さじ1
- 醤油 … 大さじ3
- 酒 … 大さじ1

サラダ油 … 大さじ1

つくり方

1 じゃがいもは皮つきのまま6等分に切って皮をむき、切り口の角を薄くそぎ取り（面取り）、水にさらす。

2 豚肉は3cm幅に切る。たまねぎは横半分に切ってから縦にざく切り、にんじんは6〜7mm厚さの半月切りにする。糸こんにゃくは食べよく切って下ゆでし、いんげんは塩ゆでしてから2.5cm長さに切る。

3 鍋にサラダ油を熱してたまねぎをしんなりするまで炒め、豚肉をほぐして加え、炒める。肉の色が変わったら、糸こんにゃく、水気を切ったじゃがいも、にんじんの順に加えて炒め合わせる。

4 水1⅓カップ※を注ぎ、煮立つまでは強火、煮立ったら火を弱めて煮る。アクが出たら、ていねいにすくい取る。

5 じゃがいもの角が透き通ったらAを加え、ふたをして15分ほど煮込む。

6 煮汁が鍋底に薄く残る程度になったら、ふたを外していんげんを加える。鍋を回して煮汁をまんべんなく行き渡らせ、照りよく煮上げる。

※ 分量外です。

ここから！

『主婦の友
新実用BOOKS
つくりたい！人気おかず』
杵島直美、主婦の友社

2008（平成20）年

城戸崎愛の肉じゃが

洋の風味を加えるひとかけのバター

本場でフランス料理を学んだ城戸崎愛が日本の定番料理にひと工夫。いつもと少し違う味でどうぞ。

ここから！

『伝えたい味』
城戸崎愛、集英社

材料（４人分）

牛赤身薄切り肉 … 200g
じゃがいも …（大）4個
たまねぎ … １個
砂糖 … 大さじ3
醤油 … 大さじ2～3
バター … 大さじ2
ゆでた絹さや … ４～５枚

つくり方

1 じゃがいもは皮をむいて、４つ割りにして面取りし、水にさらす。

2 たまねぎはくし形に、牛肉は3～4㎝幅に切る。

3 鍋にじゃがいも、たまねぎを入れ、ヒタヒタの水※を注いで、中火にかける。アクを取りながら５分ほど煮る。

4 砂糖と醤油の半量を加え、牛肉を散らし入れてから残りの砂糖、醤油を加える。中火で15分ほど、汁をとばすように煮る。器に盛り、バター、せん切りにした絹さやを上にのせる。

※ 水の量は400ml 。

2011（平成23）年

村上祥子の肉じゃが

耐熱ボウルに入れる落としぶたが肝

電子レンジ調理を信用しない人にこそ試して欲しい。電子レンジレシピ開発のパイオニアが工夫を凝らしたレシピです。

ここから！

『電子レンジ簡単レシピ100+』
村上祥子、永岡書店

材料（2人分）

じゃがいも … 大1個（200g）
にんじん … 3cm
たまねぎ … 1/4個
しらたき（アク抜き済み）… 50g
グリンピース（冷凍）… 大さじ2
牛もも薄切り肉 … 100g

A
- おろししょうが … 小さじ1/2
- 醤油 … 大さじ2
- 砂糖 … 大さじ2
- 酒 … 大さじ2
- 水 … 大さじ2

つくり方

1 じゃがいもは乱切り、にんじんは5mm厚さの輪切り、たまねぎはくし形切り、しらたきは3cm長さに切る。これらを耐熱ボウルに入れて、グリンピースを加える。

2 牛肉は、5cm長さに切り、Aの調味料を合わせて絡め、**1**の野菜の上にドーナツ状にのせる。クッキングシートをかぶせ、小皿をのせる。端あけラップ※1をして、12分※2加熱する。熱いうちに全体を混ぜる。

※1 電子レンジで調理する際、素材から出る水蒸気を逃がさないと、容器内部に蒸気がこもり、ラップが破裂する場合があります。同書では、容器の両端に1cmほどのすき間をつくる「端あけラップ」をすることで、破裂を防いでいます。
※2 電子レンジで加熱します。

2012（平成24）年

画期的だった1人分の煮ものレシピ
瀬尾幸子の「レンジ肉じゃが」

少量調理向きの電子レンジを活用し
1人でも煮ものづくりをあきらめずに済む
調理法を、瀬尾幸子が開発しました。

材料（1人分）

じゃがいも … 1個（200g）
たまねぎ … 1/4個
にんじん … 1㎝
牛薄切り肉 … 50g

醤油 …大さじ1
砂糖 … 大さじ1/2
水 … 大さじ1※

※ 最新レシピでは50ml 。

つくり方

1 じゃがいもはひと口大、たまねぎは5㎜幅のくし形に切る。にんじんは薄いいちょう切りにする。調味料と水を混ぜておく。

2 耐熱容器に材料と調味料を入れて混ぜ、ラップをかけて電子レンジ強（500w）で6分加熱する。

3 全体を混ぜ、もう一度ラップをかけて粗熱が取れるまで置くと味がしみる。

ここから！

『一人ぶんから作れるラクうまごはん』
瀬尾幸子、新星出版社

ちょい辛で飽きない140字のレシピ

平野レミの「韓流肉じゃが」

定番材料のたまねぎを使わず、炒めないで煮込む。手軽かつ確実な調理法は、平野レミならでは。にんにくとコチュジャンを加えて韓流料理が完成。

つくり方(2人分)

鍋にポテト小7個、ひと口大に切った豚バラ200g、水3C[※1]を入れ、落としぶたをしてポテトがやわらかくなるまで煮るの。コチュジャン、醤油各大1[※2]、砂糖大1.5、おろしにんにく小1[※2]を加えてさらにコトコト。汁気がなくなったら白すりごま大2を混ぜてできあがりよ![※3]

※1 3Cは3カップ。
※2 大は大さじ、以下同様。小は小さじ。
※3 ツイッター(現X)での発信が元になったこちらのレシピについては、平野レミが参加するレシピサイト『remy』の「肉じゃがをもっと楽しく『韓流肉じゃが』by 平野レミ」も調べて書きました。

ここから!

『平野レミのつぶやきごはん』
平野レミ、宝島社

2016（平成28）年

うま味の素は牛肉と三温糖にごま油

松田美智子の肉じゃが

たまねぎもにんじんも使わない。料理家の「実家の味」は三温糖とごま油のコクも加わりホクホクの味わいに。

材料（2人分）

牛切り落とし肉 … 200g
じゃがいも（メークイン）… 500g（2個）
しょうが（せん切り）… 大さじ1
ごま油 … 大さじ1
三温糖 … 大さじ$1\frac{1}{2}$
A ┌ 酒 … $\frac{1}{4}$カップ
　 └ 水 … $1\frac{1}{2}$カップ
醤油 … 大さじ$1\frac{1}{2}$
さやいんげん（斜めせん切り）… 6本分

つくり方

1 牛肉は大きめのひと口大に切る。じゃがいもは6cm大に切って面取りをし、面取りした部分とともに水にさらしてでんぷんを抜く。

2 厚手の鍋にしょうがとごま油を入れ、中火にかけて炒める。香りが立ったら牛肉を加えて炒める。肉の色が変わったら、じゃがいもの面取りした部分を加えて炒める。

3 じゃがいもも加えてサッと炒め、三温糖を加えて照りが出るまで炒める。Aを加えて強火で煮立て、アクと脂を除く。弱火にして厚手のペーパータオルをかぶせ、鍋のふたもして15分煮る。

4 味をしみこませるため、火を止めて粗熱が取れるまでそのまま置く。再び火にかけ、ひと煮立ちしたら醤油を加え、ペーパータオルをかぶせてふたをせずに2〜3分煮る。さやいんげんをのせ、ふたをして数秒間蒸らす。

ここから！

『日本の味』
松田美智子、主婦と生活社

2017（平成29）年

シンプルかつオーソドックスな料理

江上料理学院の肉じゃが

パリで料理家が郷愁を感じたのは
オーソドックスな醤油&砂糖のこの味。
塩分控えめの優しい味わいです。

ここから！

『江上料理学院
90年のベストレシピ100』
江上栄子・江上佳奈美、
東京書店

材料（2人分）

牛切り落とし肉 … 100g
じゃがいも … 200g
にんじん … 40g
たまねぎ … 100g
いんげん … 4本
サラダ油 … 大さじ1

A
- 醤油 … 大さじ1½
- 酒 … 大さじ1
- 砂糖 … 大さじ1
- みりん … 大さじ½

つくり方

1 じゃがいもは大きめの乱切りにし、水につけてアクを抜く。にんじんはじゃがいもよりも小さめの乱切り。たまねぎは1cmくらいのくし形に切る。いんげんは筋を取る。

2 いんげんはサッとゆでて2～3つに切る。

3 鍋にサラダ油を熱し、じゃがいも、にんじん、たまねぎを中火で炒め、油が回ったら牛肉をほぐしながら入れて炒め合わせる。

4 肉の色が変わったらヒタヒタくらいの水※を入れて、約10分煮る。

5 じゃがいもに竹串がスッと通るくらいやわらかくなったらAを加え、落としぶたをして弱火で約5分煮て、味が足りなければ醤油・砂糖（分量外）で味を調え、煮汁が少なくなるまで煮る。最後にいんげんを加えてひと混ぜし、器に盛りつける。

※ 水の量は300mlです。

2018（平成30）年

煮もの上手のロジックはこれ！

前田量子の肉じゃが

料理は化学。しくみを理解すれば
ベテランのように肉じゃがをつくれるかも！？
前田量子が学んだ調理科学が詰まっています。

材料（2人分）

豚肩ロース薄切り肉 … 100g
じゃがいも（メークイン）
… 300g（小3個）
たまねぎ … 150g（大½個）
にんじん … 50g（小½本）
さやいんげん … 4本

サラダ油 … 大さじ1
出汁 … 240ml
醤油 … 大さじ2
みりん … 大さじ2

つくり方※

豚肉は3㎝幅に切る
さやいんげんは3㎝長さに切る
じゃがいもは乱切り（1個を4つに切る）
たまねぎは1㎝幅のくし形切り
にんじんは小さめの乱切り

1 鍋に油を入れて予熱（1分）。じゃがいも、たまねぎ、にんじんを入れて炒める（3分）。

2 出汁、醤油とみりんを加えて煮る（強めの中火）。煮立ったら、肉をほぐして入れる。

3 アクを取り除き、落としぶた＋ふたをして、弱めの中火で15分煮る。

4 火を止め、落としぶたを取り、いんげんを入れ、ふたをして、10分ほど置く。

※ 紙面の都合上、レイアウトを変更して記載しています。

ここから！
『誰でも1回で味が決まるロジカル調理』
前田量子監修、主婦の友社

2019（令和元）年

電子レンジでラクラク調理 山本ゆりの「塩肉じゃが」

電子レンジ調理の達人、山本ゆりが考案した
塩と鶏がらスープの素で味つけする和食超え(?)な
現代風肉じゃが。手軽さが魅力です。

材料（2人分）

じゃがいも … 2個（250g）
たまねぎ … ½個（100g）
豚バラ薄切り肉 … 100g

A
- 顆粒鶏がらスープの素 … 小さじ2
- みりん … 小さじ1
- 水 … 大さじ4
- 塩、コショウ … 各少々

あれば粗挽き黒コショウ … 少々

つくり方

1 じゃがいもは小さめのひと口大※1に切って水にさらし、水気を切る。たまねぎは薄切りに、豚肉は3㎝長さに切る。

2 耐熱容器に**1**を入れ、混ぜ合わせたAをかけ、ふんわりとラップをかけて電子レンジで8～10分加熱する。混ぜて※2器に盛り、あれば黒コショウを振る。

※1 元のレシピに「ふだんの肉じゃがより少し小さく」とあります。
※2 元のレシピに「乱暴にお箸で混ぜるといい感じに煮崩れます。一度冷ますと味がしみます！」とあります。

ここから！
『syunkonカフェごはん レンジでもっと！絶品レシピ』
山本ゆり、宝島社

2020（令和2）年

人気和食料理人が提案する家庭料理

笠原将弘の肉じゃが

ヒット作続出の笠原将弘が教えるのは、素材を触らず焼き目をつける新技。味つけはふつうなのに香ばしさで味変できます。

材料（2人分）

豚バラ薄切り肉 … 200g
じゃがいも（メークイン）… 2個
たまねぎ … ½個
にんじん … ½本
絹さや … 6～12枚

A
- 出汁 … 2カップ
- 酒 … ½カップ
- 醤油 … 大さじ3
- 砂糖 … 大さじ2

つくり方

1 じゃがいもは大きめの乱切りにし、たまねぎはくし形切り、にんじんは乱切りにする。絹さやは筋を取る。豚肉は食べやすい大きさに切る。

2 フライパンに油をひかずに豚肉を入れ、炒める。最初はあまり触らずに焼きつけ、焼き目がついたらいったん取り出す。

3 **2**のフライパンに、いも、たまねぎ、にんじんを入れて炒める。あまり触らず、じっくり焼く。

4 焼き目がついたら、豚肉を戻し入れてAを加え、アルミホイルで落としぶたをして、10分ほど煮る。絹さやを加え、3分ほど煮る。

ここから！

『和食屋が教える、劇的に旨い家ごはん』
笠原将弘、主婦の友社

2021（令和3）年

バズるユーチューバーのしっかり味

リュウジの「至高の肉じゃが」

SNS時代に定着した、男性による男性が好む
しっかりした味つけのレシピをご紹介。
うま味のポイントは最近人気の白だし？

材料（2〜3人分）

豚バラ薄切り肉（4等分）
… 250g

A
- じゃがいも（ひと口大）… 3個（400g）
- にんじん（小さめ乱切り）… 2本（300g）
- たまねぎ（薄切り）… 1個（250g）
- しらたき（はさみで切る）… 1袋（200g）
  ぬるま湯で洗って臭みを抜く

しょうが（せん切り）… 15g

〈焼くとき〉

ごま油 … 大さじ1 ½

〈調味料〉

塩、コショウ … 少々

B
- 砂糖 … 大さじ2
- 醤油 … 大さじ4（60ml）
- 白だし … 大さじ2
- 酒 … 大さじ6（90ml）

〈味変※〉…（好みで）からし
（好みで）タバスコ

Memo

水分が少なめなので、水分を逃がさないよう最後にふたをして弱火にすることが、焦がさないポイントです。

つくり方

1 フライパンに油を熱し、塩コショウをした豚肉を中火で炒める。

2 Aを加えて、全体に油が回るまで数分炒める。

3 しょうがとBを加え、ふたをして弱めの中火で、ときどき混ぜながら25分煮込む。

※ このレシピを紹介したリュウジのユーチューブ動画によれば、どちらかの調味料を加えれば、お酒に合う味になるとのことです。

ここから！

『リュウジ式　至高のレシピ
人生でいちばん美味しい！
基本のレシピ100』
リュウジ、ライツ社

2022（令和4）年

甘さは控えめでしょうがが効く

大庭英子の肉じゃが

今だから学びたい基礎がしっかり入ったボリューム満点の煮ものレシピです。薄味かつ、しょうががキリリと効いています。

材料（4人分）

牛切り落とし肉 … 250g
　しょうがのせん切り … ½かけ分
じゃがいも … 3個
にんじん … 1本
たまねぎ … 小1個
しらたき … 150g
さやいんげん … 40g
油 … 大さじ1
酒 … 大さじ3
水（または出汁）… 1カップ
砂糖 … 大さじ1
みりん … 大さじ3
醤油 … 大さじ3 ～ 4

Memo

肉を崩さないよう、フライパンなど浅めの鍋で調理することをおすすめします。

つくり方

1 じゃがいもは皮をむいて4等分に切り、水に10分ほどさらして水気を拭く。

2 にんじんは皮をむいて縦半分に切り、太い部分はさらに縦半分に切って、2cm長さに切る。たまねぎは縦半分に切り、さらに3～4等分のくし形に切る。

3 しらたきはボウルに入れて、塩小さじ1ほど（分量外）を入れて手でもみ、水で洗う。鍋に入れ、ヒタヒタの水※を加えて中火にかけ、煮立ったら火をやや弱めて5分ほどゆでる。ザルに上げて冷まし、6～7cm長さに切る。

4 いんげんは3cm長さに切り、塩（分量外）を入れた熱湯で2分ほどゆで、ザルに上げる。

5 フライパンに油を熱して牛肉を入れ、色が変わるまでほぐすようにして炒める。肉の色が変わったら、しょうがを加えてサッと炒める。

6 いんげん以外の野菜を加えて炒め合わせ、続いてしらたきを加えて炒め、酒を振り、水（または出汁）を注ぐ。煮立ったら、砂糖、みりんを加えて混ぜ、ふたをして8分ほど煮る。

7 醤油を加えて混ぜ、ふたをして弱火で10分ほど、野菜がやわらかくなるまで煮る。最後にいんげんを加えて、ひと煮する。

※ 水の量は200ml 。

ここから！

『おいしい家庭料理の作り方
料理研究家歴40年の結論。
大切なコツはちょっとした
ことなんです。』
大庭英子、Gakken

2023（令和5）年

フライパンの力を引き出す調理法

今井真実の「無水肉じゃが」

ひき肉を焼きつけ、バラけさせない。イタリア料理などで使われる技を紛れ込ませた、グルメな今井真実の知恵が光るレシピです。

ここから！

『フライパンファンタジア 毎日がちょっと変わる 60のレシピ』
今井真実、家の光協会

材料（4人分）

合いびき肉 … 150g
じゃがいも（メークイン）… 小3個（約300g）
にんじん … 1本（約150g）
たまねぎ … 1個（150g）
しらたき（アク抜き済みのもの）… 180g
砂糖 … 大さじ1
A［酒・醤油 … 各大さじ4
　 みりん … 大さじ2
油 … 小さじ½

つくり方

1 じゃがいもは小さめの乱切りにする。にんじんは皮つきのままいちょう切りに、たまねぎは半分を薄切り、半分を6等分のくし形切りにする※。しらたきは食べやすい長さに切る。

2 フライパンに油を弱めの中火で熱し、ひき肉を入れる。あまり触らずに焼きつけ、焼き目がついたらざっくり裏返す。**1**のしらたきを加え、焦げ目をこそげて、肉の脂を絡め、じっくり水分をとばすように炒める。

3 **1**のにんじんを加え、色が鮮やかになったらたまねぎを加えて炒め合わせる。全体に脂が回ったら、じゃがいもを加え、砂糖を入れてひと混ぜする。Aを加えてサッと混ぜ、ふたをする。

4 ふたから蒸気が出てきたら弱火にし、15分煮る。じゃがいもに火が通ったらふたを取り、強めの中火で汁気をとばす。

※ 元のレシピに「玉ねぎは薄切りとくし形切りを使い、半分はとろける美味しさに、もう半分は具材として味わう」と説明があります。

狭いキッチンで効率よく調理する法 きじまりゅうたの「爆速！肉じゃが」

料理家一家の３代目、きじまりゅうたが考案した
極狭なキッチンでもできる、肉じゃがの知恵は
時短レシピとしても活用できます。

材料（１人分）

豚バラ薄切り肉 … 50g
じゃがいも … 1個
たまねぎ … ¼個
サラダ油 … 小さじ1
A
- 水 … 大さじ4
- めんつゆ（3倍）… 大さじ1
- 醤油 … 大さじ½

つくり方

1 じゃがいもは皮をむいて6等分に切り、サッと洗って耐熱ボウル※1に入れる。ラップをかけ、レンジ※2に３分かける。

2 たまねぎは繊維と平行に1cm幅に、豚肉は5cm長さに切る。

3 フライパン※3に油を入れてたまねぎを弱めの中火で油がなじむまでサッと炒める。豚肉を入れてほぐしながら、肉の色が変わるまで弱めの中火で炒める。

4 Aとじゃがいもを加え、弱めの中火で汁気が少なくなるまで３～4分煮絡める。

※1 元のレシピに「ボウルは耐熱の深皿や丼でも代用OK。盛り皿を使えば洗い物も減る！」と補足説明があります。
※2 電子レンジは500Wで加熱しました。
※3 直径20cmのフライパンを使用しています。

ここから！

『極狭キッチンで絶品！
自炊ごはん』
きじまりゅうた、新星出版社

Column 2

レシピを進化させ続ける料理家

以前、『作ってあげたい彼ごはん』（宝島社）で一世を風靡し、ブロガー出身料理家の道を開いたSHIORIが8年後に出した『これ、おいしいね！ SHIORIんちのthe定番』（講談社）でスンドゥブチゲのレシピを、『～彼ごはん』から進化させているのに気づいたことがあります。豚肉を「広げながら」加えるなど、よりていねいな説明をしていて、彼女が人気を保つ理由を見つけた気がしました。人気料理家たちは、「よりわかりやすく、よりおいしく」、と自分のレシピをブラッシュアップさせ続けているのです。

肉じゃがレシピをご紹介した村上・杵島・きじま3代の料理家たちも同じです。3代を比較する資料をいただいた際、今年6月時点の杵島直美の最新肉じゃがレシピも届きました。本書でご紹介したレシピは2005年時点なので、19年経過しています。

違う点は大きく3つ。たまねぎは横半分に切って縦にざく切りしていたのが、縦切りのみに、にんじんは分厚く、と切り方が変わりました。生から炒めていた豚バラ肉は、下ゆでします。水を加えていたのが、出汁になりました。より和食らしくなったと言えるでしょうか。最新レシピで肉をゆでるのは、アク抜きの手間を省くのに加え、炒めるやり方だとしつこさを感じるようになったからでもあるそうです。杵島によれば、母の村上昭子が牛肉を使っていたのを豚肉に替えたのは、息子のきじまりゅうたが生まれたから。3人の肉じゃがレシピを比較した『2020講談社版　お料理家計簿』に掲載された杵島×きじまの対談記事で、杵島は「私たちは、豚ばら肉がおいしいねって……変えたわよね」と語っています。

年齢と経験と世代の違いが、杵島の肉じゃがレシピの変遷から透けて見えます。また、祖母と母が面取りしてじゃがいもを煮崩れさせないようにしていたのに対し、きじまは「僕はちょっと煮くずれしてるほうが好きだな」とコメント。さらに、肉が多めで汁が少なめの「働き盛りのスタミナ満点料理」にしたと話しています。

あなたが好きな料理家も、最新バージョンは違った工夫をしているかもしれません。新旧のレシピを比べると、その人のプロ魂をより感じられるのではないでしょうか。

（上）たまねぎの異なる食感が楽しめる村上昭子の肉じゃが
（中央）母の村上昭子に似たやさしい味わいの杵島直美の肉じゃが
（下）祖母、母とは一転、ガッツリ味にシフトしたきじまりゅうたの肉じゃが

日本の肉じゃがレシピ分布図

本書でご紹介した歴代の日本の肉じゃがレシピについて、
つくり方や味の目安として、マトリクス表をつくりました。
ご参考になれば幸いです。料理家・学校名で記載しました。

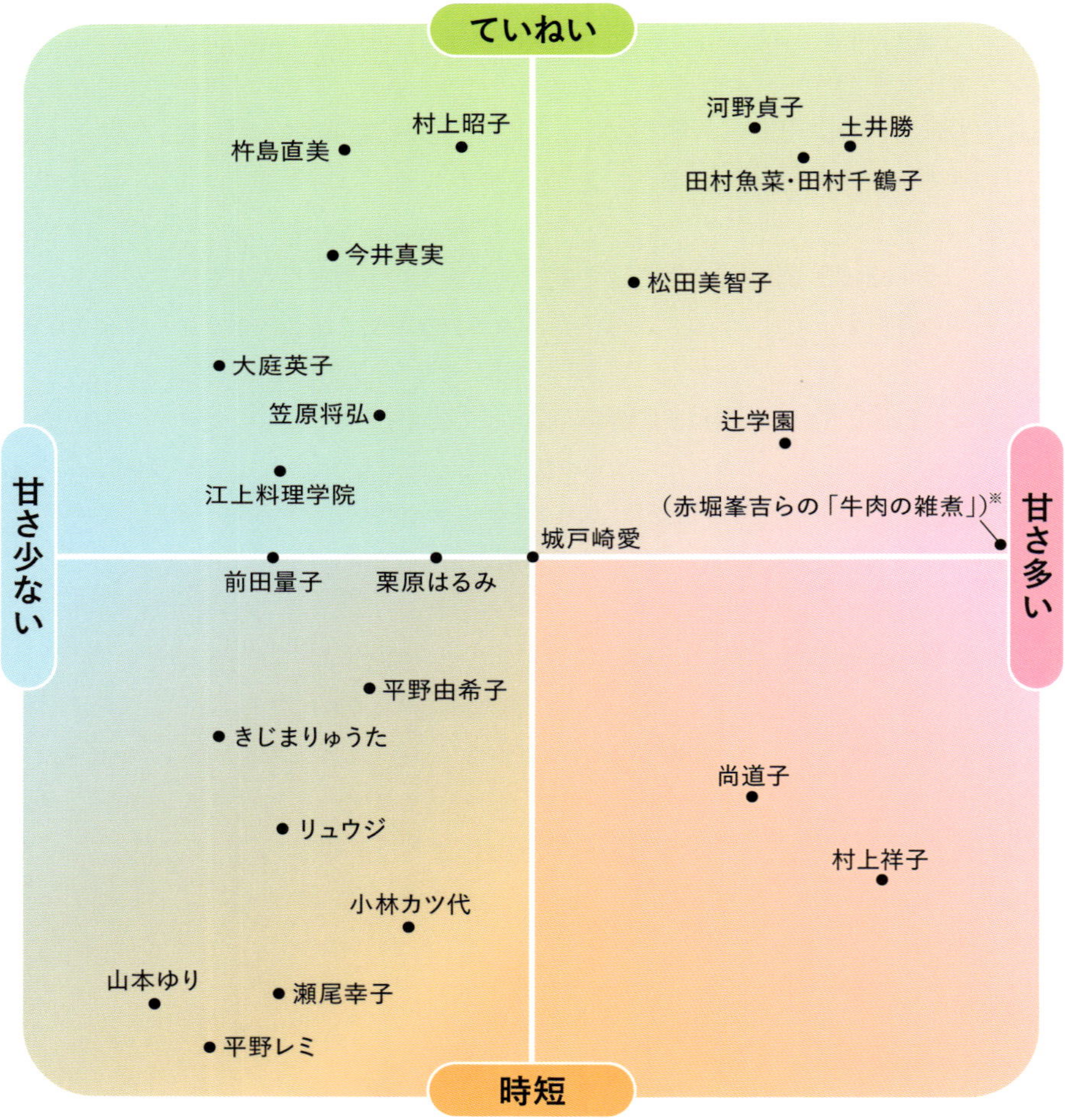

ていねい：料理の工程がいくつもあるレシピです。
時短：時短レシピを謳うなど、効率的につくるレシピです。
甘さ：砂糖やみりん、たまねぎなどによる甘みが強いか弱いかです。

本表は、著者がレシピを見比べ実際に食べた感覚を元に作成しています。監修：藤沢せりか

※赤堀峯吉らの「牛肉の雑煮」は、本書にレシピは掲載していませんが、本書に掲載する写真のために制作しました。
ご参考までに、分布図における位置を示しておきます。

4章

世界の肉じゃが

「肉じゃが」の存在は、日本だけにとどまりません。
世界ではどんな料理が食べられているのか、ご紹介します。

世界中にある肉じゃが

肉じゃがのような料理は日本に限らず世界中にあり、外国料理のレシピ本で、「〇〇（国名）の肉じゃがと呼ばれています」などと紹介されていたりします。現地で「おふくろの味」と親しまれていることが書かれたレシピもあり、幸せな家族の象徴が、肉とじゃがいもを使った料理である点も共通しているのかもしれないですね。

肉といもを一緒に食べる国や地域はたくさんありますが、調理法、食べ方はさまざまです。考えてみれば文化圏が違えば、調理法や食材の選び方が変わるのは当然のこと。そこで本書における肉じゃがの定義を、以下のように決めました。1章でも欄外に記していますが、ここに再掲しておきます。

①　肉とじゃがいもを使用する。
②　モツやソーセージなどの加工肉はOK。
③　肉が入っていれば、魚介類や豆などのタンパク源が入ってもOK。
④　じゃがいもが入っていれば、さつまいもなどほかのいも類や穀物が入ってもOK。
⑤　調理方法に必ず「煮る」が入ること。

⑥ 食事のおかずになること。ご飯やパン、団子を添えるのはありですが、ご飯ものやパンを混ぜ込む料理はNGです。

紙面に限りがあるので、涙を呑《の》んでリストから外した料理もありますが、できるだけ世界の各地域を象徴する多様な料理を選んだつもりです。力が及ばず、見つけられなかった料理もあると思います。それはまた別の機会に。

今回料理制作とレシピを担当した料理家の藤沢さんは、19歳の頃から40年あまり、世界数十カ国を巡り、ときには厨房に入り込んで料理を教わってきたつわもの。気に入った店のそばに部屋を借り、毎日通ってレシピを教わった料理もあるそうです。彼女が体験し、調べ、現地の人たちと交流して得た知識も今回採り入れています。

結果的に、確かに肉じゃがと呼べる料理がずらりと並びました。シンプルに肉とじゃがいもだけの料理もあれば、具だくさんの料理もあります。塩味はもちろん、トマト味、カレー系、クリーム系、パクチーを効かせたものなど味つけも多彩。その国や地域ではなぜ、そんな料理になるのか。その土地がたどってできた道筋とともに、ご紹介していきます。

本書レシピ撮影時の様子。調理法や食材、調味料はさまざまですが、肉とじゃがいもの存在感は共通

肉じゃがからお国柄がわかる?

日本だけでなく、世界を見渡してみても家庭料理の代表になることが多い肉じゃがは、その土地ならではの調理法や調味料、食材を含むことが少なくありません。たくさんの肉じゃがを調理し、実際に味わってみると、肉じゃがから土地柄が見えるような気がしました。それらの料理の背景を掘り下げてみると、なぜ肉じゃがが世界中で愛されるのか、答えが見つかりそうです。

カレー肉じゃがが目立つ理由

中華街やインド人街が世界中にあるのは、中国やインドからの移民が多いからです。華人または華僑、印僑などと呼ばれる彼らは、主に19世紀以降、世界中に散らばりました。華僑は中国籍を持つ人、華人は居住国に国籍を持つ人たちです。彼らは同郷の人々を中心に独自のネットワークを築き、助け合って生き延びてきたのです。

中国人やインド人が母国から出た理由は、主に2つあります。1つ目は貧しさ。どちらも自国の力が弱まり、貧しい人たちが増えていたところへ、世界を植民地化していたヨーロッパがやってきました。インドは19世紀半ばにイギリスの植民地になり、綿花栽培などのモノカルチャー化が進んで、生活に必要な農作物をあまりつくれなくなってし

世界中にある中華街。写真はロンドン

まいました。中国もアヘン戦争の歴史が語るように、欧米諸国から開国を迫られました。どちらの国でも反乱が起こってさらに貧しい人が増え、活路を見出そうと国を出る人が多かったのです。

2つ目は、奴隷に代わる労働力が求められたこと。19世紀になると、欧米各国が奴隷制を廃止し始めます。しかし、プランテーションの経営は続いていましたし、鉄道敷設現場や鉱山といった、近代化を進める労働の場もたくさんありました。安い労働力を求めた結果、移民のインド人や中国人などが雇われたのです。明治期から1950年代頃まで日本人も移民となり、海外で根を下ろしました。

それぞれの土地に根づいた彼らは、自分たちの食文化を住んだ国や地域に伝えました。中国料理は日本の中華のように現地の食と混ざり合って特徴が見えづらいですが、カレーはスパイスがその特徴を残します。『「食」の図書館　カレーの歴史』(コリーン・テイラー・セン著、竹田円訳、原書房)は、トリニダード・トバゴ、ガイアナ、ジャマイカ、南アフリカ共和国、インドネシア、オランダ、ポルトガルなど、本当に世界中の人がカレーを食べていることを示しています。同書の「スパイスは料理に風味ときめとこくを与える。貧しい人でも、シンプルな料理をお金をかけずに気の利いた味にすることができる」というくだりに、ドキッとする台所の担い手は、私だけではないでしょう。考えてみれば、スパイスを自由に手に入れたくなったことも、ヨーロッパが大航海に乗り出した理由の1つでした。今回は元インド帝国のパキスタンから「アルー・キーマ」、周辺国の中東地域のアラブ首長国連邦から、鶏肉とじゃがいも、野菜類を煮込む「サリー

アラブ首長国連邦の「サリード」。レシピは本書154ページ

ド」をご紹介します。カレーとじゃがいもは、相性がよい組み合わせです。

興味深いことに、カレー文化の発信源のインドには、肉じゃが文化はほぼありません。じゃがいも入りのチキンカレーを紹介しているレシピ本もありますが、ベジタリアンが多いこの国では肉は肉、野菜は野菜として別々に調理するのが一般的です。デリー出身のインド人料理人たちに聞いたところ、「肉とじゃがいもを一緒に料理することはない」と断言しますし、2010年代に日本でブームになった南インドの定食「ミールス」でも野菜・いもと肉はそれぞれ別の皿に盛ります。映画『めぐり逢わせのお弁当』でも、ムンバイに住む主人公の主婦は別々に調理していました。

肉じゃががほとんどない地域

ヨーロッパや中南米には、たくさんの肉じゃががあります。じゃがいも原産国のペルーや、ペルーを支配したスペインでは、「どの肉じゃがを紹介しよう」と迷うほどでした。一方、肉じゃがらしきレシピがほとんど見つからなかった地域が、アメリカとカナダの北米と、オーストラリアとニュージーランドなどのオセアニア地域。特にここで挙げた日本人になじみ深い4カ国では、アイルランド移民が伝えたアイリッシュシチューなどを除けば、肉とじゃがいもは別々に料理することが多いようです。肉を塊で焼いたステーキにして、じゃがいもはフライにして横に添えるなどが思い浮かびます。

そもそも、これらの国々のレシピ本自体がほとんど日本語で出ていません。東京では、世界中の料理が食べられるほどなのに、これらの国のレストランは少数派です。4カ国の郷土料理と言われて、すぐに思い浮かぶものは少なくありませんか？

4カ国は、似た歴史を歩んできました。先住民たちは文字を持たず、近代的な意味の国家は築いていませんでした。そこへヨーロッパ人が乗り込んで、彼らを追いやって植民地にしたのです。それぞれ独立した年は、アメリカが1776年、オーストラリアは1901年、カナダ（一部フランス領）が実質的に独立したのが1931年、ニュージーランドは1947年、いずれもイギリスの植民地でした。独立後は、イギリス以外の世界各国・地域から移民が集まりました。それぞれのルーツから発展した料理は今も、あまり混ざり合うことなく○○料理のまま、食べられることが多いようです。国をまとめる料理があまり見当たらないのは、歴史が浅いからでしょうか。

ただし、4カ国で最も歴史が長いアメリカには、フランスやスペイン、黒人の料理が混ざったクレオール料理や、18世紀にアカディア（現在のカナダのノヴァスコシア州、ニューブランズウィック州、アメリカのメーン州）から移住したフランス人によるケイジャン料理、独自の発展をした中華料理があります。アメリカの国民的料理の候補と言われて、ハンバーガーやバーベキューも思い浮かびます。ただし、そのどれも、じゃがいもを肉と一緒に煮ることはないのです。家庭で楽しまれるバーベキューはどちらかといえば父親の味で、おふくろの味のイメージでないところも興味深いですね。

いずれにしても、肉じゃがとの距離は、グローバルな人の移動と政治の変化との関係が深い。それはじゃがいもが南米発祥で、ヨーロッパ人が大航海時代に現地で見つけて持ち帰り、やがて世界に拡散したことも影響があるのでしょうか。

ニュージーランドやオーストラリアに「煮込む」という文化が入ってきたのはヨーロッパ人の入植後。ニュージーランドの「マトン・シチュー」。レシピは174ページ

世界3大料理と肉じゃが

フランス料理の肉じゃが

世界3大料理といえば、フランス料理、中国料理、トルコ料理です。これらの国で、肉じゃがはあるのでしょうか？

フランスは、18世紀末のフランス革命期からナポレオン時代、そしてルイ18世を担ぎ出した復古王政期の1830年代前半まで外交官や政治家として活躍したタレーランが、アントナン・カレームという天才料理人を重用しました。彼らが組んで外交の際の会食用に生み出したのが、華やかで手が込んだ料理をコースで順に出すフランス料理です。ナポレオン戦争などの戦後処理をしようと開かれたウィーン会議でも、このコンビが活躍し、見事にフランスに有利な条件を導き出しました。日本をはじめ世界各国の正式の場でフランス料理が出されるようになったのは、このようにフランス料理の形式が社交を目的にしているからです。

しかし私たちが知りたいのは、ハレのフランス料理ではなく家庭料理。この国には、じゃがいもと肉が入った家庭料理がいろいろあります。羊肉を使った「ナヴァラン」や、専用の陶器の鍋に肉とじゃがいもを入れ、オーブンで焼く「ベッコフ」というアルザス

フランス料理を大きく発展させた、アントナン・カレーム

出典：Fontaine, Pierre François Léonard, Public domain, Wikimedia Commons 経由

料理もあります。今回は本書における肉じゃがの定義に当てはまる、日本でもよく知られたポトフの1つ「シャンパーニュ風ポテ」を選びました。

中国料理とじゃがいも

日本で「中国４００年」と言い習わされるように、中国は紀元前から、いくつもの王朝ができては消えることをくり返してきました。大きな国をまとめ上げるために、食も重要視されています。贅沢三昧の酒宴を指す「酒池肉林」という言葉は、紀元前16世紀から11世紀にかけて栄えた殷《いん》王朝の時代、暴君として知られる紂王《ちゅうおう》が開いた酒宴から生まれました。

長く中国を手本に政治体制を築いてきた日本は、食の面でも大きな影響を受けています。料理にあらかじめ味つけして出す調理法も、食材を加工してつくるお菓子も、小麦粉を製粉する技術も、すりこ木でする技術も、中国から学びました。お茶や味噌、豆腐なども、中国から入ってきています。そんな日本ですが、2章でご紹介したように、肉じゃがについては中国から習ったわけではないようです。

そして今回調べた中国のレシピでは、肉といもを使う料理のほとんどがさといもを使っていました。実は、中国南部がさといも（地域によってタロイモとも呼ばれる）の原産地とされるインド東部などに隣接しており、古くからこのいもが使われてきたと考えられます。今も中国の生産量は世界2位です。中国でじゃがいもを使わないわけではありませんが、ほかにたくさん肉じゃががポピュラーな国や地域があるため、今回は中

世界のさといも（タロイモ）生産量

	国	生産量
1位	ナイジェリア	820万t
2位	中国	約190.65万t
3位	カメルーン	約189.24万t

※FAOSTAT（https://www.fao.org/）2022年のデータを元に作成。

国料理を紹介していません。その代わり、華人とマレー語圏に住むマレー人の間にできた子孫「プラナカン」が受け継ぐ「ニョニャ料理」から、マレーシアの「アヤム・ポンテ」を選びました。

トルコ料理の世界

私が若かった頃は、世界3大料理のうちフランス料理と中国料理は決まっているが、3番目は未定、と噂されていました。今ではトルコ料理と決まったようです。それはもっともで、トルコは1299年から1922年までオスマン帝国として、最盛期にはハンガリー、バルカン半島、北アフリカの地中海沿岸地域、エジプト、イエメンの一部などまで含めた広大な地域を治めていたのです。

オスマン帝国は多彩な民族をまとめあげるため、現地の人たちのライフスタイルを受け入れました。それぞれの食文化も採り入れたため、多彩な料理が生まれています。シルクロードの通り道にあり、東西のさまざまな交易品が持ち込まれたことも、食文化を豊かにしました。そんな国の中心には舌の肥えた君主（スルタン）がいて、彼を満足させるため、そして多民族に権威を示すために、宮廷料理が発達したのです。

今回トルコから肉じゃがとして選んだのは、「トゥルル」です。羊肉を、じゃがいもと7種類もの野菜とやわらかく煮込んだ料理。ここで使うキャセロールとは厚手鍋のことで、ヨーロッパではオーブンに鍋ごと入れて煮込むことも多い調理道具です。各地にその料理専用の厚手鍋を使う煮込みがありますが、こうしたキャセロール類の歴史は長

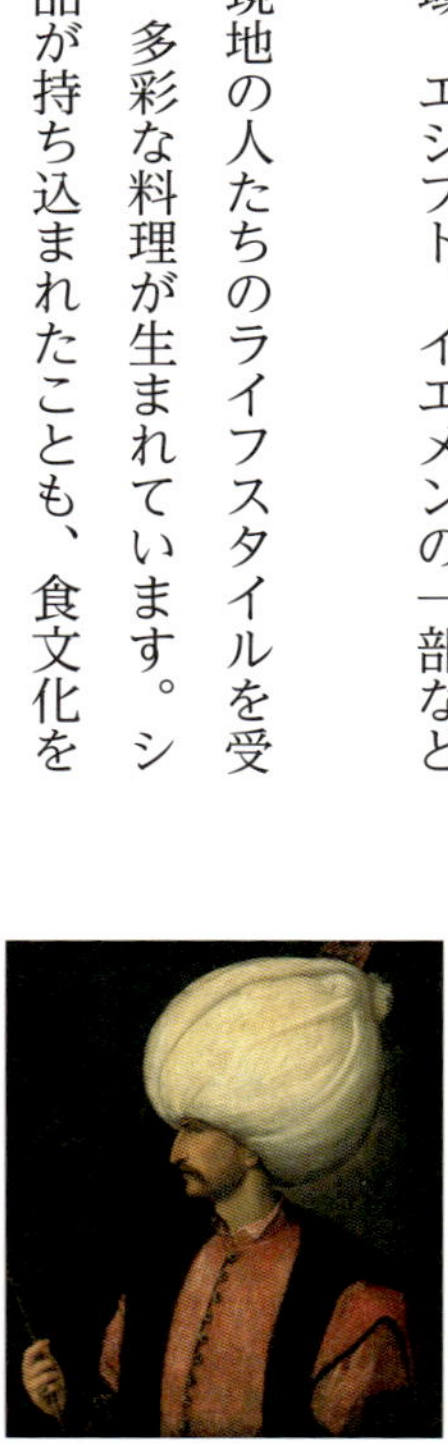

オスマン帝国最盛期のスルタン、スレイマン1世

出典：美術史美術館
Public domain,
Wikimedia Commons 経由

く、なんと古代ギリシャ時代からありました(『キッチンの歴史 料理道具が変えた人類の食文化』ビー・ウィルソン著、真田由美子訳、河出書房新社)。

家庭料理と世界3大料理

世界3大料理はいずれも、宮廷料理として発達した過去があります。巨大な権力を持つ国のトップに立つ者は、大金を使って贅沢をすることも、権力や権威を示すために必要とされていました。しかし、その価値観は家庭料理である肉じゃがとは真逆です。家庭料理は、家計を圧迫しない経済性が必要とされ、家族の健康を守り楽しくいただくことを求めてつくられます。

宮廷料理なら、遠くから食材を調達することもあるでしょうし、プロの高い技術がなければつくれない料理も多いでしょう。それに対して家庭料理はその国や地域で手に入るものを使い、手のかけ方も、土地の事情を反映します。手が込んでいる家庭料理が一般的な地域には、物質的な豊かさがあるか、女性を台所にこもらせる文化が根づくといった土地柄があります。地理や気候の条件も反映されるため、肉じゃがを掘り下げれば、その国や地域がどんな場所か知る手がかりになるかもしれません。ここからは、各地域の肉じゃがを紹介していきます。

中南米

ペルーはじゃがいも料理だらけ？

南アメリカ大陸の北西部、太平洋に面したペルーは、じゃがいもの故郷です。インカ帝国が栄えた国として遺跡観光で有名ですが、近年は美食の国としても知られるようになりました。ミシュラン三つ星の店がいくつもあり、２０２３年には「セントラル」という店が「世界のベストレストラン50」で1位に輝く快挙を成し遂げました。日本にもペルー料理店があり、私も食べに行ったことがあります。じゃがいもを使った料理は本当に多く、どこか親しみのある味わいでおいしかったです。

しかし、アンデス地方の人たちが日本のペルー料理を見たら、じゃがいもの量が少ないと思うかもしれません。中南米の食文化を研究してきた山本紀夫は、『世界の食文化⑬中南米』（農文協）で、アンデスの村に住み込んで調査した折、「朝も昼も夜も大量にジャガイモを食べること」に大変驚いたと記しています。朝食に蒸したじゃがいもとじゃがいもまたは乾燥じゃがいもを中心にしたスープ、昼に蒸しじゃがいも、夜も蒸しじゃがいもにじゃがいも入りスープ、と食事はいもづくしだったそうです。『ジャガイモの世界史　歴史を動かした「貧者のパン」』（中公新書）も、著者の伊藤章治が朝昼晩にじゃがいもを食べた、と現地の人から聞いたことを書いています。ただ、スープには肉など

色とりどり、さまざまな種類のじゃがいもが並ぶペルーの市場

も加えており、高地に住む人たちはじゃがいもを主食にしているものの、平地に住む人たちはコメを主食にする人も多いそうです。

とうもろこしも食べますが、紀元前2000年頃にとうもろこしが入ってきたときには、すでにアンデス高地ではじゃがいもを中心とする農耕が確立していたようです。

じゃがいも栽培の始まり

『「食」の図書館　ジャガイモの歴史』（アンドルー・F・スミス著、竹田円訳、原書房）によると、発祥地のアンデスのチチカカ湖盆地でじゃがいもの栽培が始まったのは、紀元前1万年頃。平地が少なく土壌も豊かでないこの地は、夏の昼夜の寒暖差が激しいことが、栽培に適していました。『ジャガイモの世界史』によると、チチカカ湖は世界最長の山脈であるアンデス山脈のほぼ中央、標高は3800メートル級で富士山より高い位置にありますが、湖には葦《あし》に似た植物が生い茂り、植物を栽培できます。農業ができる高地で、たねいもを植えれば栄養豊富なじゃがいもを栽培できると発見したことで、人々は豊かになっていきます。やがて築いたインカ帝国は、北はコロンビア、南はチリ中部に至る南北5000キロメートルもの広大な土地を支配し、15～16世紀初めに栄えていました。

試行錯誤をしながらじゃがいもの品種改良を続けたインカ帝国の農民たちは、スペイン人が来るまでには、約200種類もの品種を生み出していたのです。今では数千種類もあります。日本でも最近は、赤い「デストロイヤー」や濃い黄色の「インカのめざめ」

インカ帝国の面影を今に伝える、ペルーのマチュピチュ遺跡

など多彩なじゃがいもが店頭に並ぶようになりましたが、ペルーの人たちははるか昔から、色や形もさまざまなじゃがいもを使い分けてきたのです。スペイン人がやってきてじゃがいもは世界に広がり、多くの命を支えることになります。カロリーが高く栄養豊富なこのいもがあったからこそ、インカ帝国は繁栄できたのではないでしょうか。

コロンブスの交換で

今度は中南米全体を見てみましょう。南北アメリカ大陸にまたがる中南米は、北はメキシコ、赤道を越えてアルゼンチン、チリに至る約2000万平方キロメートルの広大な地域で、日本の約54倍もあります。カリブ海諸国を含めて33カ国。アメリカやイギリス、オランダ、フランスなどの属領もあります。気候も砂漠から熱帯雨林、氷雪地帯など多彩です。そのためか、さまざまな作物がつくられてきました。15世紀末頃にスペイン人が訪れ、メキシコのアステカ帝国、ペルーのインカ帝国を滅ぼします。「コロンブスの交換」と呼ばれますが、スペイン人は南北アメリカの大陸からさまざまな作物を持ち帰るとともに、この地になかった作物を運んできました。

例を挙げてみましょう。スペイン人が中南米から持ち出した作物は、とうもろこし、キヌア、じゃがいも、さつまいも、いんげん豆、ピーナッツ、かぼちゃ、トマト、とうがらし、カカオなど。今では世界各地で栽培されています。私も、これらの食材なしの食生活は考えられません。家畜では、七面鳥などがあります。逆に持ち込んだのは、小麦、稲、蕎麦、ひよこ豆、そら豆、きゅうり、すいか、なす、にんじん、たまねぎ、キャ

アメリカを発見したコロンブスは、エルサルバドルの旧通貨単位「コロン」の由来にもなった

ベツ、さとうきびなどです。家畜は牛、馬、羊、豚などでした。

その後、西アフリカから奴隷を連れてきて、さとうきびやたばこ、バナナといったプランテーションを行い、本国へ莫大な利益をもたらす三角貿易を行います。その結果、やがて産業革命を起こす巨額の富がヨーロッパに蓄積されたのです。これにより、中南米にはアフリカ奴隷たちの食文化が入り込んでいきます。

新天地を求める移民がヨーロッパから大量にやってくるのは、19世紀頃です。日本人も19世紀末には移民し、中国人とともにアジアの食文化を伝えます。『～中南米』によると、中南米の都市には世界各国の料理店が揃っているそうです。過酷な歴史が同時に、多彩な食文化をも育てていったことが見えてきます。

今回は、「ペルーの肉じゃが」と呼ばれるハチノス（牛の胃袋）を使った「カウカウ」と、やはりスペインに植民地化された経験があり、コーヒーの産地としても知られるコロンビアの郷土料理の「アヒアコ」、そしてイギリスに植民地化されたカリブ海の島国で、アフリカ系住民が8割以上を占めるセントルシアから、調理用バナナ（プランテーン）も加える「ブイヨン」を紹介します。

ペルーの「カウカウ」。レシピは本書138ページ

Column 3

知恵の結晶、ペルーのじゃがいも

ペルーには、ピンク色、紫色、赤色、濃い黄色、オレンジ色、黒、斑点模様などカラフルなじゃがいもが数千種類もあり、料理によって使い分けています。『世界のじゃがいも料理　南米ペルーからヨーロッパ、アジアへ。郷土色あふれる100のレシピ』（誠文堂新光社）のペルーの市場ルポには、黄色い「パパ・アマリージョ」を使ったマッシュポテトの「カウサ」やパンなどが紹介されていました。アンデスでは毎食じゃがいも料理を食べていますが、これだけ色も食感もかたさが違えば、食べ飽きないのも当然かもしれません。

いも類は一般的に、日持ちしないのが難点です。多くの文明圏は、貯蔵性が高いコメや小麦といった穀類を選んだことで発展しました。しかしインカ帝国はじゃがいもを主食に、高度な文明を築いたのです。その要因の１つが、「チューニョ」という保存性が高い乾燥じゃがいもを生み出したことだと言われています。

『ジャガイモの世界史』によれば、チューニョは夜、氷点下５～10℃ぐらいまで下がる一方、日中は15℃ぐらいまで上がる乾季の６月に、寒暖差を利用してつくります。野外にじゃがいもを重ねないように広げ、数日間放置すると、夜は凍結し昼は解凍することをくり返し乾燥していきます。軽く押すだけで水分が噴き出すようになったら、集めて山にし、水分がなくなるまで足で踏みつける。再び野外に広げ数日間放置すると、すっかり水分がなくなってチューニョが完成します。何と10年近く保存できるそうです。

私もチューニョを水に８時間浸けて戻し、牛肉や野菜とシチューにしてみました。ペルーっぽくしようと、チリペッパーと塩で味つけ。しかし、栗のように素朴なチューニョの味わいを生かし切れず……。『ジャガイモの歴史』によると、インカの人々は挽いて粉にしパンに加工する、水で戻してシチューにとろみをつけたりしたそうです。スプーンの背でつぶしておけばよかったのかもしれません。

乾物は冷蔵庫がなかった昔の食品保存の知恵です。世界各地にレーズンやデーツなどのドライフルーツがありますし、国土が広い中国では、魚介類などを乾物にして運んでいました。日本にもしいたけや切り干し大根などがあります。冷凍がNGのいもをあえて冷凍させるのは、高野豆腐と似ていますね。

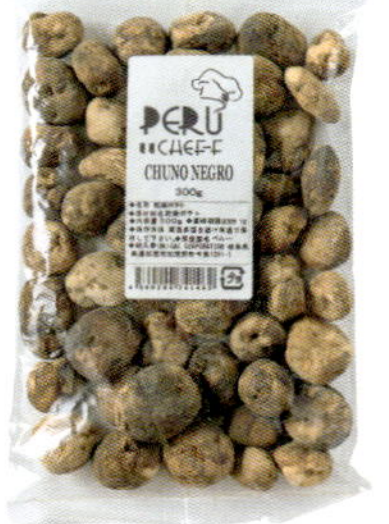

チューニョは、８時間ほど水に浸けて戻すと、２～３倍にふくらみます。

ヨーロッパ

肉じゃが好きな国はどこ？

ひと口にヨーロッパと言っても、政治体制はもちろん、成り立ちや文化も国によって異なります。見つかった肉じゃがも多彩ですが、バリエーションがあまりにも多いため、とても全部は紹介しきれません。絞り込む際、私たちが知るヨーロッパのイメージが、もう少し広がるような料理を選びました。

何といっても肉じゃがが好きな国は、じゃがいもの故郷であるペルーへ最初に乗り込んだスペインです。そこで、南欧の代表としてスペイン料理の中から、スペインらしさを感じるチョリソを入れた肉じゃがを選びました。ほかにも牛肉とゆで卵、トマトと煮込む料理、いろいろな野菜と鶏肉が入るバスク料理など、何種類も肉じゃががあります。

19世紀半ばのじゃがいも飢饉で大量の人々が移民として出ていったアイルランドには、じゃがいもを肉と煮込んだ郷土料理の「アイリッシュ・シチュー」があります。この料理は、移民たちが定住した国々でも食べられていますし、ご存じの方もいらっしゃるのではないでしょうか？

じゃがいも大国といえばドイツもありますが、ドイツの代表的な肉とじゃがいもの料理と言えば、ベーコンと炒める「ジャーマン・ポテト」です。もちろんソーセージなど

スペインの「じゃがいもとチョリソの煮込み」。レシピは本書151ページ

と煮る「ポテト・スープ」ほか肉類とじゃがいもを煮る料理もありますが、オーブンで焼く料理も多い。じゃがいもを主役に焼く、揚げる、団子にする、ペーストにするなど、幅広い調理法を駆使しますし、組み合わせる食材もチーズやナッツ、魚介、とさまざま。その中で肉とじゃがいもの煮込みのウエイトは小さい、と今回は判断しました。

互いに共通する肉じゃが文化を持つのが、北欧諸国です。その中から今回選んだのは、船乗りの料理がもとになったという「フェーマンスビッフ」で、スウェーデンの肉じゃがです。北欧については日本の平安時代と同じ頃、ヨーロッパ各地で交易と略奪を行っていたヴァイキングの拠点だったことを彷彿とさせます。その他、デンマークには「ラブスコウス」という牛肉とじゃがいも、たまねぎを煮込む料理が、ノルウェーでもほかの根菜類も加える同様の料理があります。

東欧諸国やロシアにも肉じゃががあります。ハンガリーの「グヤーシュ」、ウクライナ発祥でロシアその他でも食べられている「ボルシチ」がすぐに思い浮かびます。グヤーシュはパプリカ粉を使ったスープで、とうがらしを品種改良してパプリカを生み出し、その野菜からビタミンCを発見した国ならではの料理と言えます。しかし、『トウガラシの世界史　辛くて熱い「食卓革命」』（山本紀夫、中公新書）は、グヤーシュを「パプリカとタマネギを入れたラードを使い、小さく切って加熱した牛肉とジャガイモでつくられる料理」と定義しています。具材の主役は牛肉とじゃがいもなので、その国らしさが感じられる1品として選びました。一方、さまざまなバリエーションがあるボルシチはビーツが主役。『世界の食文化⑲ロシア』（沼野充義・沼野恭子、農文協）は、「どの

ハンガリーの「グヤーシュ」。
レシピは本書148ページ

肉を使おうと、どんな野菜を使おうと、またどのような組み合わせにしようとかまわないが、ボルシチにこれだけは絶対なくてはならないという重要な食材がビーツ」とはっきり書いています。じゃがいもはなくても成立することから、ボルシチは外しました。

じゃがいもが定着した時期

ヨーロッパに紹介しきれないほど多彩な肉じゃががあるのは、考えてみれば当たり前かもしれません。まず、日本人から見れば実に大量の肉を食べます。EUで最も消費される豚肉は、日本の6・54倍もの年間消費量です（2022年のアメリカ農務省の調査）。昔から狩猟が盛んで、肉料理とその加工品を発達させてきた歴史があるからでしょう。

じゃがいもは大航海時代を経て定着した食材ですが、その過程でさまざまなドラマが生まれました。最初にスペインへ上陸した時期は定かではありませんが、1573年にセビリアの病院で使われた記録が残っています。炭水化物が多くビタミンCなど豊富な栄養を含むうえ、やせた土地でも育つため、やがてヨーロッパでは「貧者のパン」と呼ばれ庶民の生活を支えるようになります。土着化する過程で工夫し、料理のレパートリーを増やした結果、たくさんの肉じゃがが生まれたのではないでしょうか。

17世紀半ば、イギリスに征服され、やせた土地へ農民が追い立てられたアイルランドでは、いち早くじゃがいも栽培が普及し人口も大幅に増えていくのですが、じゃがいもに頼り過ぎていたことが原因で悲劇が起こります。感染力が強いじゃがいも疫病が大陸から入った1840年代後半、天候不順も加わって国中に広がり、多くの人が飢え、新天地を求めてイギリスやアメリカなどに移民する結果をもたらしました。

じゃがいも栽培はイギリスでも広がり、18世紀にはオランダなどで定着します。戦争や飢饉で貧しさにあえぐ人々がたくさんいたプロイセン（現ドイツ）では、フリードリヒ2世が1756年に「じゃがいも令」を発令して栽培を奨励し成功。それを見たロシアのエカテリーナ2世も、国内に栽培を広げようとじゃがいもの宣伝を始めました。

フランスでじゃがいも栽培を広めたのは、薬剤師で農学者のアントワーヌ・パルマンティエです。プロイセンとの七年戦争で捕虜になり、じゃがいもばかりを食べさせられるうちにその栄養価値に気づきました。じゃがいものグラタン、「アッシ・パルマンティエ」にその名を残す彼の功績を称《たた》える、こんな逸話をご紹介しましょう。

パルマンティエが捕虜になった頃、フランスは飢饉と戦争で食料難に陥っており、ルイ16世とマリー・アントワネットは、パルマンティエにじゃがいも栽培用の土地を提供します。彼はわざと畑は厳重に柵をめぐらせ、昼間は警備員をつけました。すると、「うまいものに違いない」と好奇心に駆られた民衆が、夜にじゃがいもを盗み出す。また、パルマンティエの提案で、マリー・アントワネットは夜会でじゃがいもの花束をボタン穴に挿して宣伝に協力し、やがてフランスにもじゃがいも栽培が定着。このようにして、じゃがいもは「いもづる」式に、ヨーロッパ全土に広がっていきました。

「アッシ・パルマンティエ」の由来ともなっている、ベルサイユ宮殿所蔵のアントワーヌ・パルマンティエの肖像画

出典：Wikimedia Commons経由

Column 4

これも肉じゃが!? 世界のいも・肉料理

外国料理が好きな人の中には、「あの国のあの料理が、肉じゃがに入っていない！」と思った人がいるかもしれません。例えばドイツの「ジャーマン・ポテト」、アイルランドの「シェパーズ・パイ」、ペルーの「ロモ・サルタード」……。どれもその国を代表する肉とじゃがいもが入った料理ですが、煮込む工程がないので外しました。

シェパーズ・パイは、ひき肉をたまねぎなどと炒めて煮込み、耐熱容器に入れ、マッシュポテトをのせてオーブンで焼く料理です。もともと残りもののロースト肉を使ったあり合わせ料理、つまり最近流行している「アルモンデ」です。私は昔、日本語に訳すと「羊飼いのパイ」という名前は、羊飼いは貧しいからパイ生地の代わりにマッシュポテトを使ったことから生まれた、と聞きました。ただ、アイルランドにはほかにもマッシュポテト生地のパイがあります。パイ生地は、伸ばした生地を冷蔵庫で休ませる工程が何回も入り、時間がかかります。もしかすると、時短パイがマッシュポテトなのかもしれません。

ロモ・サルタードは、ペルーの中国系移民が考案したと言われる人気料理です。「サルタード」はスペイン語で炒めものを意味し、フライドポテト、牛肉、トマト、たまねぎ、パプリカを炒めてつくります。ピリ辛ですが、酢や醤油も入っているので、日本人は親しみやすいかもしれません。私も好きな料理の１つです。

ドイツの似た料理が、ベーコンとじゃがいもを炒めるジャーマン・ポテトです。スウェーデンには「ピッティパンナ（フィッティパンナ）」と呼ばれる、じゃがいもと肉、野菜をさいの目に切り、炒める料理があり、これも残りものを使い切るアルモンデ料理です。必ず卵も使うそうですが、卵の調理法は決まっていないようです。ほかに鍋ごとオーブンに入れる、フランスの「ベッコフ」もあります。

このように、炒める、焼くなどした肉とじゃがいもの料理もたくさんあります。残りものを片づけるために生まれた料理が多いのは、肉とじゃがいもの料理が基本的に、台所の担い手の知恵が詰まった家庭料理だからなのでしょう。

（上）アイルランドの定番料理、シェパーズ・パイ。別名「コテージ・パイ」
（下）スペインのバルで提供される、生ハムとじゃがいものおつまみ

中東

アラブ人が愛する肉じゃがとは？

外務省の区分けによれば、中東とは西がアナトリア半島に位置するトルコ、東がアフガニスタンまでで、イスラム圏としてのイメージが強い地域です。この中から、豊かなエネルギー資源国のアラブ首長国連邦（ＵＡＥ）と、世界３大料理のトルコの肉じゃがを選びました。

アラビア半島にあるＵＡＥで最も有名な都市は、商業や物流の中心地であるドバイですが、首都はドバイから１５０キロメートルほど離れた歴史ある文化都市、アブダビ。どちらの都市もペルシャ湾に面しています。原油や天然ガスの産出量が多いため、豊かになったのですが、もともとは遊牧民としてラクダや羊肉およびその乳製品、デーツなどを食べていました。沿岸部では魚も食べていたようです。砂漠がほとんどで農業を発展させられなかったので、伝統的な料理には野菜をあまり使いません。食文化については、侵略者のオスマン帝国、ポルトガルやオランダ、イギリスはもちろん、ペルシャ湾の対岸にあるイランの影響も受けてきました。今はパキスタンやインド、ネパール、フィリピン、レバノン、イエメンといった国々からの移民も多いので、彼らの食文化も入り込んでいます。

エネルギー資源国の豊かさを象徴するようなＵＡＥの首都、アブダビ

古い時代には、ヨーロッパとアジアを行き来する商人たちが休憩した場所でもあり、東西文化の結節点として長い歴史を持っています。紛争や戦争が多い中東地域でも、UAEは1971年の独立以来、直接的には大きな戦争を体験しなかったことも、豊かさの要因でしょう。資源国として繁栄し、さまざまな食材を使うようになったことが、肉じゃがにも表れています。それが鶏肉または羊肉とじゃがいもや野菜を使う「サリード」。イスラム教の預言者、ムハンマドが愛したと言われ、イスラム圏のほかの国々でも好まれています。

トルコ料理の肉じゃが

トルコは13世紀末から1922年までオスマン帝国として、ヨーロッパ、アフリカにまたがる広い範囲を支配しました。14世紀半ばには、ビザンツ帝国（東ローマ帝国）も滅ぼしています。17世紀後半以降、世界に進出し力をつけたヨーロッパ諸国に脅かされ、次第に領土を失います。そして第一次世界大戦で同盟国側に参戦し敗れたことが決定打となり、スルタン制なども廃止して現在のトルコ共和国になりました。

最盛期にはイランやイラク、アラビア半島およびアフリカ大陸の紅海沿岸、東欧南部、北アフリカの地中海沿いを支配下に治めていたオスマン帝国。支配地域のさまざまな食文化を吸収し、発展してトルコ料理ができました。『世界の食文化⑨トルコ』（鈴木董、農文協）によると、トルコ料理でじゃがいもがよく使われるようになったのは近代以降。「patates（パタテス）」という呼び名は、スペイン語やイタリア語でじゃがいもを意味する「ｐａｔａｔａ（パタタ）」に近い発音で、ヨーロッパの影響を感じさせます。そして今や、もともといも類がなかったこの国で、パタテスはいも類を総称する言葉になりました。

トルコ料理は私も好きですが、屋台も多い「ケバブ」はもちろん、トマト煮込み、なすとひき肉を重ねた「ムサカ」、きゅうりとヨーグルトのサラダ、ひよこ豆と練りごまなどのペーストの「フムス」なども気に入っています。野菜のルーツはさまざまですが、名前をビザンツ帝国から受け継いだことがわかるものとして、パセリの「マイダノズ」、根セロリ（セルリアック）の「ケレヴィズ」、ほうれん草の「イスパナク」などがあります。じゃがいもはもちろん、トマトやピーマンの原産国は中南米ですし、果物のナツメヤシは、アラビア半島からもたらされました。いずれもよく使われる食材です。

主食の中心は小麦粉のパンですが、大麦や雑穀、コメも食べられています。肉類の代表は羊。牛、水牛、ラクダも食べます。鶏肉は古くから子羊肉に次いで人気があり、１９８０年代以降にダイエット志向の影響で、重視されるようになりました。

トルコは政教分離の国ではありますが、国民の大半がイスラム教徒のため、豚肉は使いません。トルコの食材と料理の多彩さは、世界帝国だったオスマン帝国の名残りです。また、イスラム教が現世の欲望を肯定する宗教だったことも、料理文化を大いに発展させた要因の一部と思われます。今回ご紹介する肉じゃがの「トゥルル」も、多くの食材を使っています。大帝国が残した豊かさを、私たちも味わってみませんか？

トルコの「トゥルル」。レシピは本書１５２ページ

アフリカ

日本であまりなじみがなかった大陸の歩み

日本にはアフリカ各国の料理店がありますし、アフリカ食材を扱う店も存在しますが、日本語で手に入るレシピは少ないです。日本から遠いせいか、私の手元にある山川出版社が8年前に出した『詳説世界史Ｂ』（木村靖二・佐藤次高・岸本美緒）は、アジアとヨーロッパを含むユーラシアの歴史が基本で、アフリカ史の独立した章がありません。

実際には、多くの古代王国が栄えていました。中でも地中海に面した北アフリカは、ヨーロッパや中東地域と影響し合っています。よく知られている昔の物語を思い出してみましょう。ローマ帝国の将軍のカエサルと古代エジプトの女王、クレオパトラの世紀の恋。キリストが現在のイスラエルにあるベツレヘムの馬小屋で誕生した物語は、ヘロデ王に殺されまいと両親がエジプトへ避難する話へと続きます。ヴェネチアが舞台のシェイクスピア悲劇『オセロー』の主人公は、北アフリカ出身と思われるムーア人です。15～19世紀の奴隷貿易で、西アフリカなどから大勢の青年が連れ去られたことは、よく知られています。19世紀に各国で奴隷制が廃止されますが、今度はヨーロッパ各国がアフリカの内陸部まで入り植民地化を進めます。長年の搾取でアフリカの経済発展は妨げられましたし、部族間で対立するような支配が行われたこともあり、地域によっては今

エジプトで最も有名な女王、クレオパトラ7世像

も戦争や紛争が頻発しています。

食文化では厳しい歴史も新たな刺激となり、豊かさをもたらすことが多いのですが、以下に示すようにアフリカでもそうしたことが起こりました。

いもについて、アフリカは有史以前からヤムイモを食べてきて根づいています。結婚式や祭事のときに食べる文化がありますし、ナイジェリアでは9月に新ヤムイモの祭りも行うそうです。今もヤムイモ生産のほとんどをアフリカが占めますが、扱いやすいからか、じゃがいももよく食べるようになった地域もあります。

モロッコの肉じゃが

ジブラルタル海峡を挟んでスペインと向き合うモロッコ王国は、迷路のようなスーク（市場）がテレビでもよく紹介されてきました。1912年から1956年までフランスの保護領だったこともあり、侵略の歴史も含めて西ヨーロッパとの結びつきが強い側面があります。古くから交易が盛んで、ローマ帝国の支配を受けた時期もあり、さまざまな文化と交流した経験から、食文化は豊かです。

南部がサハラ砂漠に含まれるモロッコの気候は、非常に乾燥しているため水は貴重です。そんな環境から生まれたのが、2010年頃に日本でもブームになったタジン鍋。円錐形またはドーム型の大きなふたがポイントの陶製の鍋で、熱せられた食材から出た水蒸気で料理を蒸し煮するので、水の量は少なくて済みます。日本では、油をあまり使わないヘルシーさ、調理法が手軽で時短になる点が魅力で人気になったのでしょう。珍

モロッコの「鶏肉と野菜のタジン」。レシピは本書156ページ

しい鍋の形とデザインも、飾っているだけで楽しくなりそうです。

モロッコはイスラム教国でもあり、豚肉は食べません。農業は盛んで、じゃがいもはもちろん、トマト、オリーブ、柑橘類、メロン、麦類などをつくっています。多様な文化が入り混じるモロッコから、鶏肉とじゃがいも、野菜などを重ねて蒸し煮する「鶏肉と野菜のタジン」をご紹介します。

「同じ釜の飯」を分かち合うリビア

リビアはイタリアによる植民地時代ののち、1951年にまずリビア連合王国として独立しました。1969年にクーデターでカダフィ大佐の独裁政権となり、2011年にアラブの春が波及するまで42年続きました。その後は混乱が続き、国政選挙が実施できない状態です。

植民地になる前は、オスマン帝国の支配下にありました。ローマ帝国の属州だった時代もあります。そして原油埋蔵量はアフリカで1番。住んでいるのはアラブ人で、イスラム教徒が構成する国なので、やはり豚肉は食べません。

リビアでは、イタリアの影響を感じさせるクスクスなどのパスタ類、オリーブを使った料理などの地中海地域から影響を受けたもの、中央アジアでも食べられる「ショルヴァ」などが人気です。ご紹介する肉じゃがはトマトが入った「バジーン」。冠婚葬祭など特別なときに出される料理です。じゃがいもと羊肉、トマトピューレ、水を鍋で煮てシチューをつくる一方、大麦粉に水と塩を加えてこね、ゆでたのちにすりこ木などで

リビアの「バジーン」。レシピは本書160ページ

つぶして円錐形にまとめた無発酵のパンを添えます。このパンもバジーンと呼びます。「Alabic Language Blog」に上がっていた動画に、白人の出演者がアラブ人たちにもてなされて一緒に食べるシーンがありました。まず器に具材とパンのバジーンを盛って手で食べた後にシチューを入れ、手で少しずつそのパンを崩しシチューに浸して食べています。同じ器から食べることで、仲間意識を育てる要素もありそうです。この無発酵パンは私たちが慣れ親しんでいるフワフワのパンに比べればかためですが、食材のうまみが詰まった汁に浸しながら食べると、おいしさがじんわり伝わってきます。

エチオピア3000年の味

「人類発祥の地」という説もあるエチオピア。旧約聖書に出てくるソロモン王とシバの女王の間にできたメネリク1世が初代皇帝という伝説があり、3000年以上の歴史があります。19世紀に2度も侵略してきたイタリアを退け、アフリカで唯一独立を保った国です。古くから独自に発達したエチオピア正教をはじめとするキリスト教徒が、国民の半分を占めるほか、イスラム教徒の信者などもいて、約80の民族が共存してきました。主な産業は農業で、じゃがいものほか、コーヒー、穀類、サトウキビ、花卉《かき》、綿花などを生産しています。

アフリカでは珍しく独自の文化を保ってきたエチオピアで愛されている肉じゃがが、じゃがいも、牛肉、たまねぎのシンプルな「アリチャ」です。多彩なスパイスを使いこ

人類発祥の地の一説とされるエチオピアのアワッシュ川

なす文化を持っていますが、この肉じゃがのスパイスは控えめで、ターメリック、ローズマリー、白コショウをアクセントとして効かせています。

ヨーロッパの影響が色濃い南アフリカ

温暖な気候で晴天が多い南アフリカは、金やダイヤモンド、レアメタルの宝庫で、サハラ以南のアフリカ第2の経済大国です。17世紀半ばにオランダ、19世紀前半にイギリスの植民地となり、1910年に独立したものの、1991年まで長くアパルトヘイト政策を取っていたことは有名です。先住民のコイサン族、オランダ系やイギリス系の白人、白人の使用人としてやってきたマレー人やインド人、混血の人たちなど、多彩な民族と文化が混じり合って暮らしています。

主要産業は、農業と鉱工業。農業では、じゃがいもや小麦、大豆、柑橘類、野菜、サトウキビ、畜産と羊毛・皮革などを生産しています。ワインも有名です。一般的な食事は英米風で、野菜や豆をたくさん使った煮込み料理をよく食べます。ご紹介する肉じゃがは、じゃがいもやたまねぎなどの野菜をクタクタになるまで煮込んでから、ポタージュにした「ベーコンとクルトン入りポテト・スープ」です。ベーコンの脂とサラダ油、生クリームの油脂がたっぷり入っていますので、おいしいからとつい食べ過ぎないようご注意ください。

アジア

近くなった近隣地域

私たちが暮らすアジアは、東アジア、東南アジア、南アジア、旧ソ連圏の中央アジア、と多彩な地域を含みます。アフガニスタン以西トルコまでを西アジアとすることもありますが、今回は乾燥した気候のイスラム圏は中東として切り分けました。

1980~1990年代の「エスニック」ブームで、アジア圏の料理が人気になり、旅する人も増えました。この頃から、政情が落ち着き経済発展を始めた国々へ、ビジネスで行く人、駐在する人も多くなっています。2010年代後半以降は、日本にも、アジアからの移民が格段に増えて、彼らが営む飲食店や食材店が全国各地にできています。私もスパイスやナンプラーは、近くのアジア食材店で買うようになりました。

パキスタンのキーマカレー

インドを長く支配したムガル帝国は18世紀初めに力を失い、地方勢力が軍事抗争をくり返すようになりました。そこへイギリスとフランスの東インド会社が介入し、19世紀半ばにイギリスの植民地になりました。イギリスがヒンズー教徒とイスラム教徒を分割統治した結果、第二次世界大戦後に独立する際は両教徒が対立し、パキスタンはインド

東インド会社の設立を許可したエリザベス1世

と戦争後に分離・独立しました。どちらの国でも土地を追われる人々がたくさん出ましたし、インドでガンディーが暗殺されるなど、独立は強い痛みを伴ったのです。

牛肉を食べないヒンズー教のインドでは、ベジタリアンが多いせいか基本的に肉は肉だけ、野菜は野菜だけで調理します。肉じゃがは成立しにくいのですが、イスラム教国のパキスタンには、牛ひき肉を使った「アルー・キーマ」という料理があります。

ウズベキスタンの羊料理

中央アジアやトルコ、中国、北アフリカ、東欧など幅広いエリアで食べられているのが、羊肉とじゃがいものスープです。中央アジアの料理になじみがない人は多いと思いますが、餃子や麺の発祥の地と言われる、食文化的には興味深い地域です。最近東京の高田馬場に、ウズベキスタン料理店ができました。料理を示して選ぶカフェテリア形式のカジュアルな店で、私は麺料理のルーツと言われる「ラグマン」がお気に入りです。中央アジアはシルクロードの経由地で、餃子や麺がここから東西に広がったのも、活発な交流があったからでしょう。ウズベキスタンはモンゴル帝国の支配を受けましたし、中央アジア全体がロシア帝国からソ連にも組み込まれた過去がありました。

ご紹介する羊を使った肉じゃがは、ウズベキスタンで「ショルヴァ（ショルパ）」、カザフスタンで「スルパ」、キルギスで「ショルポ」と呼ばれています。シルクロードの歴史に思いを馳せながら食べると、素朴な味わいになつかしさも覚えるかもしれません。

ウズベキスタンほかの「ショルヴァ」。レシピは本書164ページ

フィリピンの「ハロハロ」な肉じゃが

ハロハロは、フィリピン公用語のタガログ語で「ごちゃ混ぜ」といった意味です。パフェのようなデザートを指すこともありますが、見出しはごちゃ混ぜの意味で使いました。フィリピンの肉じゃががハロハロなのは、7641もの島々で成り立つこの国に、世界各地から人が訪れたことと関係があります。中世には中国商人やイスラム商人たちと交易し、イスラム教も広がりましたが、1571年から327年間もスペインの支配を受けてキリスト教国になりました。1898年に米西戦争でスペインが破れ独立しますが、今度はアメリカと戦って負けたため、1902年からアメリカの植民地になり、第二次世界大戦中は日本の支配を受け、戦後に独立しました。

そんな複雑な歴史が、料理にも表れています。ご紹介する肉じゃがの名前は「メヌード」。スペインの影響と思われるのが、最初ににんにくを炒めることやじゃがいも、ローリエ、トマトピューレを入れる点。日本や中国で一般的な醤油も入れます。モツはフィリピン人がよく使う食材で、この料理ではレバーが入っています。

マレーシアのニョニャ料理

情報が少なくレシピを見つけるのに苦労したのが、マレーシアの肉じゃが、「アヤム・ポンテ」というニョニャ料理です。さんざん探して、マレーシア食文化ライターの古川音《おと》さんにたどり着きました。古川さんは現地で食べたとき、「これは肉じゃがだ！」と

フィリピンの「メヌード」。レシピは本書168ページ

感じたそうで、「ぴったりの味だと思います」と太鼓判を押してくれました。

ニョニャ料理とは、15世紀から17世紀にかけて、中国の広東省や福建省などの華南地域からマラッカへやってきた貿易商人と、現地のマレー人が結婚して生まれた子孫「プラナカン」の女性を指す「ニョニャ」がつくる料理です。中国食材とマレー人が好むハーブやスパイスなどを組み合わせる、香り豊かなニョニャ料理。プラナカンが商売で成功したエリート層だったことから、手の込んだ調理法が多いニョニャ料理は格式が高いものとされ、一般のマレー人にも広がっています。『中国料理の世界史　美食のナショナリズムをこえて』(岩間一弘、慶應義塾大学出版会)によると、1980年代以降は、マレーシアとシンガポールで文化遺産として政府の支援を受け、レストランでも食べられるようになりました。その代表が、日本でもカップラーメンになるなど親しまれている麺料理の「ラクサ」です。

マレーシアは、16~17世紀にポルトガルやオランダの東インド会社の支配を受け、1824年にイギリスの植民地となったのち、第二次世界大戦で日本軍に占領された歴史を持つ国です。1957年にマラヤ連邦として独立した後、1963年にマレーシアが成立しましたが、2年後にシンガポールを切り離しました。現在は先住民を含むマレー系を中心に、中国系、インド系、先住民の人たちが住み、それぞれ独自の食文化を持っています。

今回ご紹介する「アヤム・ポンテ」は、パームシュガーの甘みに加え、しいたけの香りと発酵豆のペースト調味料「タオチオ」で味の深みを出す肉じゃがです。古川さんは「西

ニョニャ料理「ラクサ」味のカップラーメン

欧列強の影響でじゃがいもを使いますし、しいたけやタオチオを使うのは華人の好みです。歴史が生んだピンポイントの美味」と教えてくれました。

韓国にもある肉じゃが

2002年の日韓共催サッカーワールドカップ、恋愛ドラマ『冬のソナタ』（NHK－BS2）と歴史ドラマ『宮廷女官 チャングムの誓い』（NHK－BS2）の放送から始まった韓流ブーム。寄せては返す波のように何度も生まれた韓流ブームは近年、若い世代と女性の間ですっかり定着した感があります。

2010年代後半の第3次韓流ブーム以降、SNSを通じて韓流スターなどの投稿が直接見られるようになったこともあり、韓国で流行した食がすぐ日本の若者の間で人気になります。日本では戦後、日本化された焼肉やキムチが親しまれるようになりましたが、1980年代から1990年代のアジア料理のブームの際に韓国料理は含まれず、20世紀の日本人は韓国料理をほとんど知らなかったと言えます。それが今は、「今日はサムゲタンを食べたい」「キンパが好き」といった会話が飛び交うのです。

「カムジャチョリム」は、牛肉とじゃがいもを炒め煮する、日本人にもなじみやすい肉じゃがです。韓国らしい辛めの味わいが、クセになる人もいるのではないでしょうか。

韓国の「カムジャチョリム」。レシピは本書171ページ

Column 5

肉じゃがスピンオフ！ 魚＆貝じゃが

世界には、じゃがいもを魚介と合わせる料理もたくさんあります。スウェーデンの「ヤンソンさんの誘惑」は、せん切りじゃがいもと炒めたたまねぎ、アンチョビを耐熱容器に並べて生クリームをかけ、パン粉を振ってオーブンで焼く料理です。ヤンソンさんが誰なのかは諸説あり、真相はわからないそうです。

スペインには、マグロとじゃがいものトマト煮や白身魚とじゃがいも、トマトを煮るスープ、タコとじゃがいものトマト煮込みがあります。ポルトガルにもタコとトマトを加えた煮込みが、フランスにはイカとじゃがいものトマト煮があります。アサリと組み合わせた塩味の「貝じゃが」は、スペインやポルトガルの料理です。

また、モロッコには白身魚とじゃがいも、たまねぎ、トマト、ピーマンなどのスパイシーなタジン鍋料理や、イワシのつみれをつくってじゃがいもとたまねぎ、トマトなどと一緒に煮るスープなどもあります。地中海沿岸は、魚介とじゃがいもを煮る料理が人気で、その場合トマトも一緒に入れることが多いようですね。トマトと魚介から出る出汁がじゃがいもにしみて、とてもおいしそうです。

じゃがいもは西洋食材のイメージが強いのか、魚大国にもかかわらず日本には、あまり魚じゃがはありません。私自身、最近まで魚とじゃがいもは合わないと思っていたのですが、スペイン料理やポルトガル料理の店で魚とじゃがいもが入ったスープを食べるうちに、「これはこれでおいしいな」と思うようになりました。

日本で魚じゃがに親しんできたのは、アイヌの人たちです。明治後期にじゃがいも栽培が本格的に始まったのは、現在の北海道七飯《ななえ》町。アイヌの人たちは、じゃがいもを採り入れていました。アイヌの高齢者たちから聞き取りした料理を集めた『自然の恵み　アイヌのごはん』（藤村久和監修、デーリィマン社）に、魚じゃがスープの「オハウ」（汁もの）として、「にしん汁」「さけ汁」「いわしつみれ汁」が紹介されています。いずれも塩味で、昆布も入っています。

ヨーロッパ人もアイヌの人たちも、肉に比べてあっさりした魚は、グルタミン酸が多い昆布やトマトを加えることでうま味を増やしたいが、うま味が強い貝類はそのままでよし、と判断したのかもしれません。

じゃがいもとししゃもを使ったオハウ（画像提供：北海道味の素）

北米・オセアニア

肉じゃが文化は希薄？

北米はアメリカとカナダ、オセアニアはオーストラリア、ニュージーランド、太平洋諸島を指します。そのすべてがヨーロッパ人に発見され、植民地や保護領となるなどした過去があり、第二次世界大戦で日本軍に侵略、支配された島国もあります。

その中でも、北米およびオーストラリア、ニュージーランドについて、レシピを探しました。太平洋諸島を外したのは、『世界の食べもの』（石毛直道、講談社学術文庫）に、もともとタロイモ（さといも）やヤムイモなどの食文化圏でありじゃがいもがなかったこと、土器を発達させなかったため煮る料理法がもともとなく、焼く、蒸す料理が中心だった地域が多かった、とあることが理由です。

ところが欧米人も多く住む4カ国のレシピを探したところ、本章の「肉じゃがからお国柄がわかる？」の100～101ページで書いた通り、これらの国々の日本語によるレシピ本がほとんどないことがわかり、考えてみればレストランも少ないことに気づきました。この4カ国は海外旅行の定番の旅先ですし、アメリカ発のハンバーガーチェーンやファミレスがたくさんあるのに、情報が少ないのは意外でした。いろいろ探した結果、アメリカ南部料理とニュージーランド料理から見つけた肉じゃがをご紹介します。

さといもも、えびいもも、タロイモの仲間

アメリカ南部のソウルフード？

アメリカの国民食と言われると、何を思い浮かべますか？　ハンバーガー？　牛肉ステーキとフライドポテト？　誰もが認める国民食はないのですが、もしかすると候補の1つはバーベキューかもしれません。人気アクション映画シリーズ「ワイルド・スピード」では、大団円を飾る料理が必ずバーベキューです。全米から参加者が集まるバーベキューコンテストもありますし、動画配信サービスＮｅｔｆｌｉｘでは「バーベキュー最強決戦！」というシリーズもののバラエティ番組があり、素人の腕自慢が勝ち抜き戦で料理対決をします。

そのシリーズで、ジビエ料理としてシチューと燻製《くんせい》をつくる「アライグマとイグアナと野ウサギ」（シーズン1、第5回）があります。その中で挑戦者たちは皆、肉とじゃがいもがたっぷり入った肉じゃがのシチューをつくっているではありませんか！　しかも1人が選んだのは、私たちが選んだ「ブランズウィック・シチュー」でした。ブランズウィック・シチューはもともと、狩りで仕留めたうさぎなどの肉をじゃがいもや野菜とともに煮込むので、ジビエ料理の回に出てくるのは自然です。実はアメリカ南部に、「ブランズウィック」という名前の町が3つもあります。ジョージア州、バージニア州、ノースカロライナ州のそれぞれの町が「わが町こそ発祥の地」と主張し、「シチュー戦争」が勃発《ぼっぱつ》したことすらあるそうです。何だか、どこかの国の「餃子消費金額1位」の競争みたいですね。

アメリカの「ブランズウィック・シチュー」。レシピは本書172ページ

アメリカ南部が、奴隷を雇い綿花栽培で栄えていたことはよく知られています。南部の黒人のソウルフードと言われる「ガンボ・スープ」の要《かなめ》、オクラは奴隷たちがアフリカから持ち込んだ野菜と言われています。ブランズウィック・シチューにも、オクラが入っています。南部の白人は、奴隷の女性がつくるアフリカの技術と知恵が入った料理を食べて育ったのです。南部料理は、先住民やスペイン、イギリス、フランス、カリブ諸島の影響も受けました。

肉じゃがレシピはあまり見つけられませんでしたが、肉とじゃがいもはアメリカ庶民がなじんできた組み合わせのようです。『アメリカは食べる。アメリカ食文化の謎をめぐる旅』（東理夫、作品社）が、アメリカには保守的な男を指す「ミート・アンド・ポテト・マン」という言葉があり、カントリー歌手のスター、アラン・ジャクソンが自分は古臭い男だ、と歌い上げる同名タイトルの曲がある、と書いていました。この曲はユーチューブにアップされていますので、「ミート・アンド・ポテトマン」で探せば聴くことができます。また、「ミート・アンド・ポテト」という慣用句もあって、こちらは基本食、基礎、根本といった意味で使われるそうです。『世界の食文化⑫アメリカ』（本間千枝子・有賀夏紀、農文協）によると、19世紀の労働者は、塩漬け肉とじゃがいも、キャベツが基本の食事をしていました。あまりにも基本的な料理だから、肉じゃがのレシピは見つけにくかったのかもしれません。

ニュージーランドと肉じゃが

２０１９年、開催国の日本が初めてベスト8に進出したことで大いに盛り上がった、ラグビーのワールドカップ。その際、ニュージーランドの選手たちが踊り注目されたハカは、ポリネシアから来た同国先住民のマオリ族の伝統的なダンスです。

この項の最初に書いたとおり、ポリネシアのいもといえばタロイモです。『世界の食文化⑦オーストラリア・ニュージーランド』（小山修三責任編集、農文協）によると、マオリの主食はいも類で、タロイモ（さといも）、さつまいも、ひょうたんなどを持ち込みました。ニュージーランドの南北の島のうち、暖かい北島がいもの栽培に適していたことからさつまいもやさといもが栽培され、やがて入植したヨーロッパ人もさつまいもを食べるようになったのです。19世紀になると、ヨーロッパ人が持ち込んだじゃがいもをマオリの人々も品種改良も行いつつ栽培を広げ、よく食べるようになりました。

そしてニュージーランドといえば、人口の約5倍いると言われる羊です。そうした国で食べられる肉じゃがが、羊肉とじゃがいも、野菜を入れた「マトン・シチュー」です。バターと小麦粉でルウをつくってとろみをつけるところが、イギリスの影響を感じさせます。ニュージーランドは１８４０年からイギリスの植民地となり、現在もイギリスとその元植民地の独立国がゆるやかにつながるイギリス連邦に所属しています。

羊の産出量はオーストラリアが世界2位、ニュージーランドは4位（ＦＡＯ推定２０２２年）

世界の肉じゃがMAP

世界の肉じゃがを世界地図にまとめました。
あらためて肉じゃがの全体像をご覧ください。

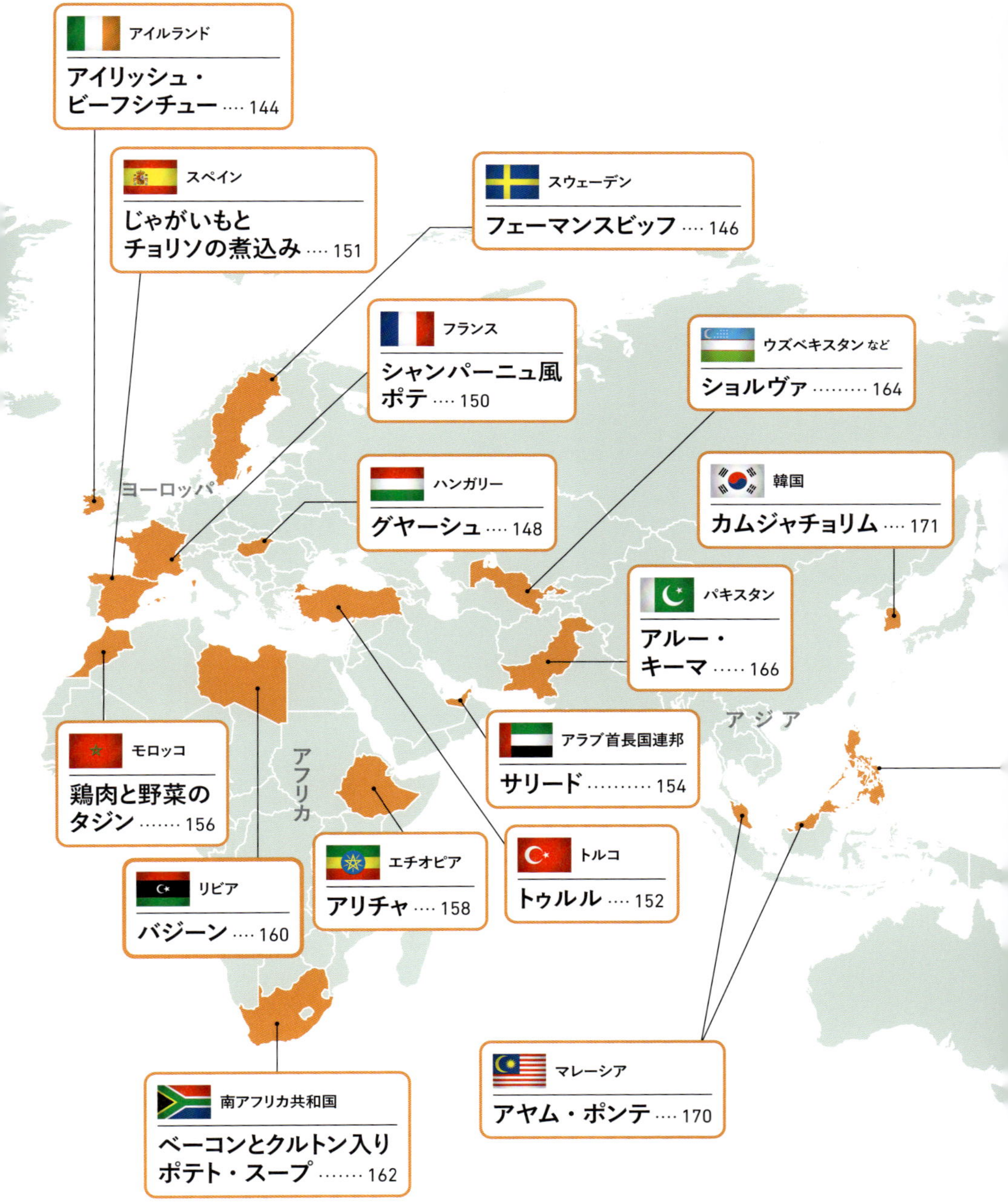

- レシピをご紹介する肉じゃがを掲載ページとともに記載しています。
- 地域区分は外務省の区分を元に、環境や食文化を鑑みて区分けしています。

世界の肉じゃがレシピの決まりごと・注意事項

- レシピは世界各地を旅して料理を研究してきた料理家の藤沢せりかさんが、書籍やインターネットに掲載されたレシピ情報を元に作成しています。
- 食べる人数の目安、1人分の量は、その国の実情に合わせています。
- 材料欄の順番は、じゃがいも、肉類、以下はつくり方に出てくる順に従っています。
- できるだけ忠実に現地の料理を再現していますが、入手できない食材・調味料に限り、別のもので代用しています。一般的なスーパーにない食材・調味料もありますが、インターネット通販や外国食材店なども活用して入手しました。
- 肉の部位に指定がない場合は、お好みのものをお使いください。
- じゃがいもは指定があるもの以外すべて、男爵いもを使用しました。
- 鍋は、指定がない場合は直径30cmのフライパンまたは直径26cmの雪平鍋、直径26cmの両手鍋のいずれかを使っています。
- 大さじは15ml、小さじは5ml、1カップは200mlです。「ひとつまみ」は親指、人さし指、中指の3本でつまんだ分量で小さじ$\frac{1}{6}$〜$\frac{1}{5}$程度、「少々」は親指、人さし指2本でつまんだ分量で、小さじ$\frac{1}{6}$未満です。
- 特に記載がない場合は、醤油は濃口醤油、塩は自然塩、砂糖は上白糖を使っています。
- 特に指定がない場合は、ガスコンロを使用しています。指定がない場合の火力は、中火です。

5章

世界の肉じゃがレシピ

各地の料理を象徴する「海外版肉じゃが」のレシピをご紹介します。
文化の違いを感じつつ、さまざまな国の味をお楽しみください。

ペルー

カウカウ

じゃがいもと相性がよいとうがらしペーストの「アヒ・アマリージョ」を効かせた定番料理。やわらかいハチノス煮込みです。

材料（4人分）

じゃがいも（1.5㎝の角切り）… 3個
ハチノス（牛の胃、掃除済み）… 300g
水① … 600ml
牛乳 … 大さじ1を2回分
ミント（生）… 適量
水② … 600ml
オリーブオイル … 大さじ2
にんにく（すりおろす）… 1かけ
たまねぎ（みじん切り）… 1個
ターメリックパウダー … 小さじ1
塩・コショウ … 各少々
クミンパウダー … 小さじ1
アヒ・アマリージョ … 大さじ1
グリンピース … 30g
ミントの葉（生）… 小さじ2（トッピング用に少し残す）
水③ … 400ml

つくり方

1 ハチノスを下処理する。ハチノスを水でよく洗い、鍋に入れて水①、大さじ1の牛乳、ミント少々を入れて強火にかける。沸騰したら中～弱火にして10分ほど煮てから、ザルに上げてゆでこぼす。

2 ハチノスを鍋に戻し、再度水②、牛乳大さじ1、適量のミントを入れて強火にかける。沸騰したら中～弱火にして20 ～ 30分ゆで、ザルに上げてゆでこぼし、水でよく洗う。

3 **2**を1㎝角に切る。

4 鍋にオリーブオイルとにんにく、たまねぎ、ターメリックパウダーを入れ弱火にかけて炒める。

5 塩、コショウを振り、クミンパウダー、アヒ・アマリージョを加えて炒め、香りが立ってきたら**3**とじゃがいも、グリンピース、ミントの葉、水③を入れて、じゃがいもがやわらかくなるまで煮る。

6 塩、コショウで味を調え、ミントの葉を散らす。

Memo

アヒ・アマリージョ／アンデス地方の黄色とうがらしで、辛さはマイルドです。この地域では欠かせない食材で、ここではペースト状にしたものを使っています。「アヒ」はスペイン語でとうがらし。

コロンビア

アヒアコ
（ボゴタ風ポテトスープ）

コロンビアを代表する郷土料理で、2種類のじゃがいも入り。ごちそう感があるボリューミーさ。サルサっぽい辛いトッピングで爽やかさを添えて。

材料（4人分）

じゃがいも…500g
アンデスポテト（冷凍）… 500g
鶏もも肉 … 500g
塩・にんにくのすりおろし … 各適量
水 …1.5ℓ
パクチー（ざく切り）… ¼束
長ねぎ（ぶつ切り）… 適量
にんにく… 1かけ
チキンブイヨン（固形）… 1個
ホワイトジャイアントコーン（冷凍）… 250g
グアスカス〈三つ葉で代用〉… 適量
生クリーム・ケッパー・アヒ※・
　アボカド（ひと口大に切る）… 各適量

つくり方

1 じゃがいもは皮をむいてひと口大に切る。

2 鶏もも肉は、塩とにんにくのすりおろしをもみ込んでおく。

3 大きめの鍋に水、**2**、パクチー、長ねぎ、にんにく、チキンブイヨンを入れて中火にかける。

4 鶏もも肉に火が通ったら、すべての具材をいったん取り出す。鶏もも肉が冷めたら手で細かくさく。にんにくと長ねぎは捨てる。

5 **4**の鍋に**1**とアンデスポテト、ホワイトジャイアントコーン、グアスカアスを加え、いも類がやわらかくなるまで煮込む。

6 **4**の細かくさいた鶏肉を加えて皿に盛り、生クリームをたらし、ケッパー、アヒ、アボカドをトッピングする。

※アヒは、長ねぎ（1本をみじん切り）、パクチー（適量をみじん切り）、サラダ油少々、赤とうがらし（適量をみじん切り）、塩少々、水適量を混ぜたもの。

Memo

グアスカス（グアスカ）／コロンビア産の三つ葉に似たハーブの一種。アヒアコには欠かせないものだが、日本では入手困難で、今回は三つ葉やミントの葉で代用。

セントルシア

ブイヨン

セントルシアは淡路島と同じぐらいの大きさでカリブ海にある島国。2種類のいもに調理用バナナ、と「炭水化物の食べ比べ」感がある料理です。

材料（4人分）

じゃがいも（ひと口大に切る）… 2個
豚肉（肩ブロック）… 400g
水① … 1.6ℓ
ローリエ … 1枚
レンズ豆（乾燥）… 1カップ
水② … 400ml
A
- にんじん（粗みじん切り）… 2本
- たまねぎ（粗みじん切り）… 1個
- にんにく（みじん切り）… 2かけ
- サラダ油 … 大さじ2

さつまいも（ひと口大に切る）… 1本
調理用バナナ（皮をむいて1cmの斜め切り）… 2本
ほうれん草（さっとゆでてざく切りにする）… 1束
塩 … 小さじ1
コショウ … 少々
ペッパーソース … 適量

つくり方

1 鍋に豚肉、水①、ローリエを入れて中火にかける。沸騰してきたら弱火にしてふたをし、30分ほど煮る。

2 レンズ豆を加え、水②を入れ、ふたをしてさらに30分煮る。

3 豚肉を取り出して粗みじん切りにし、鍋に戻す。

4 じゃがいもとAを入れ、弱火で10分煮る。

5 さつまいもと調理用バナナを入れて、さらに5分煮る。

6 ほうれん草を入れて塩、コショウで味を調え、皿に盛りつける。好みでペッパーソースを振る。

アイルランド

アイリッシュ・ビーフシチュー

肉とじゃがいもが主役で、肉じゃが感強し。ギネスビールが、料理のコクをアップさせた親しみやすい味わいです。

材料（4人分）

じゃがいも（大きめの乱切り）… 4個
牛肉（角切り）… 400g
小麦粉 … 大さじ3
バター … 大さじ1
ギネスビール … 500ml
にんじん（大きめの乱切り）… 1本
たまねぎ（くし形切り）… 1個
にんにく（みじん切り）… 2かけ
水 … 1ℓ
A
- コンソメ（固形）… 1個
- トマトピューレ … 大さじ2
- タイムパウダー … 小さじ1
- ローリエ … 2枚

塩・コショウ … 各少々
パセリ（みじん切り）… 少々

つくり方

1 牛肉に小麦粉をまぶす。

2 鍋にバターを入れて強火にかけ、**1**を加えて肉の表面の色が変わるまで焼く。

3 ギネスビールを少しずつ注ぐ。

4 じゃがいも、にんじん、たまねぎ、にんにくを加え、野菜がやわらかくなるまで煮込む。

5 水とAを入れて沸騰したら弱火にし、約2時間煮る。

6 塩、コショウで味を調え、皿に盛りつけ、パセリを振る。

Memo

塩がかなり控えめな、薄味の料理です。ギネスビールはアイルランドで最もよく飲まれている黒ビールです。

スウェーデン

フェーマンスビッフ

船乗りが船上でつくったのが始まりとされ、120年以上の歴史があるひと鍋料理。たっぷりの肉とじゃがいもの豪快さが魅力的です。

材料（4人分）

じゃがいも（1cm幅のいちょう切り）… 600g
牛肉（焼肉用）… 500g
バター① … 大さじ1
塩・コショウ … 各少々
たまねぎ（薄切り）… 2個
バター② … 大さじ1
ビール … 350ml
コンソメ（固形1個を200mlの湯で溶かす）… 200ml
ローリエ … 1枚
ピクルス（スライスする）… 適量

つくり方

1 フライパンにバター①を入れて中火にかけ、牛肉を広げて塩、コショウを振り、両面に焼き色がつくまで焼いて取り出す。

2 **1**のフライパンにたまねぎを入れて色づくまで炒め、取り出す。

3 **2**のフライパンにバター②を入れ、じゃがいもを半量敷いて塩、コショウを振る。その上に**2**のたまねぎの半量を広げて塩、コショウを振る。焼いた牛肉を上にのせ、残りのたまねぎを広げて塩、コショウを振る。最後に残りのじゃがいもを広げて塩、コショウを振る。

4 **3**にビールとコンソメを注ぎ、ローリエをのせてふたをする。

5 弱火で1時間ほど煮込む（途中で混ぜたり動かしたりしない）。

6 最後に塩で味を調え、皿に盛りつけ、ピクルスを添える。

Memo

煮込む際はフライパンなど平たい鍋を選んで材料を重ね、しっかりふたを閉めること。味つけは濃い目です。鍋ごとテーブルに出せば豪快さが伝わりそう。

ハンガリー

グヤーシュ

パプリカの粉末を使ったハンガリーらしい国民的料理で、日本でも最近人気です。キャラウェイの香りがヨーロッパを感じさせます。

材料（4人分）

じゃがいも（ひと口大に切る）… 2個
牛肉（角切り）… 500g
サラダ油 … 大さじ2
たまねぎ（みじん切り）… 1個
にんにく（みじん切り）… 2かけ
パプリカパウダー … 大さじ2
にんじん（角切り）… 1本
水 … 600ml
トマトピューレ … ¼カップ
ローリエ … 3枚
キャラウェイシード … ひとつまみ
塩 … 大さじ1
コショウ … 小さじ½

つくり方

1 フライパンにサラダ油とたまねぎ、にんにくを入れて弱火にかける。たまねぎが透き通ってきたら、パプリカパウダーを加えて炒める。

2 牛肉を入れ、中火で炒める。肉に火が通ってきたらにんじん、じゃがいもを加え、水を入れて煮立たせる。

3 トマトピューレ、ローリエ、キャラウェイシードを加え、弱火にし、具材がやわらかくなるまで煮込む（やわらかさが足りない場合は水を足してもよい）。

4 塩、コショウで味を調え、皿に盛りつける。

フランス

シャンパーニュ風ポテ

豚とキャベツを使うポトフを「ポテ」と呼びます。もともとは煮込み用の鍋・壺の名前でした。スパイスのジュニパーベリーの香りで本格派に。

材料（4人分）

じゃがいも（半分に切る）… 3個
ベーコン（ブロックを3等分に切る）… 200g
フランクフルト … 4本
豚肉（ロースブロックを大きめにぶつ切り）… 400g
ブーケガルニ … 1束
キャベツ（4等分にくし形切り）… $\frac{1}{2}$個
リーキ（4㎝のぶつ切り）… 400g
にんじん（くし形切り）… 2本
ジュニパーベリー … 5粒
水 … 約3ℓ
チキンブイヨン（固形）… 4個
かぶ（皮をむいて4等分）… 2個
塩・コショウ … 各少々

つくり方

1 鍋にブーケガルニ、キャベツ、じゃがいも、リーキ、にんじん、ジュニパーベリー、ベーコンを入れ、たっぷりの水とチキンブイヨンを加えて中火にかける。

2 野菜がやわらかくなったらかぶ、フランクフルト、豚肉を加えて煮る。水分が少ないようなら足す。

3 煮汁が半量ほどになったら塩、コショウで味を調える。

スペイン

じゃがいもと チョリソの煮込み

グルメで有名なバスク地方に隣接する
ラ・リオハ州の代表的な料理。
パプリカの風味もポイントの肉じゃがです。

つくり方

1 じゃがいもは皮をむく。包丁の根元を差し込み、そのまま割るようにしてひと口大に切る。

2 鍋にオリーブオイルとたまねぎ、ピーマンを入れ、中火にかけて炒める。

3 たまねぎが透き通ってきたらにんにくを加え、香りが立ち始めたらトマトを入れて、つぶしながら水分がなくなるまで炒める。

4 弱火にし、チョリソと**1**、チョリセロペースト（パプリカパウダー）を加えて混ぜる。

5 水とローリエを入れ、ふたをしてじゃがいもがやわらかくなるまで弱火のまま20分ほど煮る。

6 塩、黒コショウで味を調え、皿に盛りつける。

Memo

包丁の根元でじゃがいもを割ることで、ギザギザになった断面から味がしみこみます。

材料（4人分）

じゃがいも … 2個
チョリソ（1cm幅に切る）… 3本
オリーブオイル … 大さじ2
たまねぎ（粗みじん切り）… 1個
ピーマン（粗みじん切り）… 1個
にんにく（粗みじん切り）… 2かけ
トマト（皮をむいてざく切り）… 1個
チョリセロペースト
〈パプリカパウダーで代用〉… 大さじ2
水 … 800ml
ローリエ … 2枚
塩 … 小さじ1/4
黒コショウ … 少々

トルコ

トゥルル

厚手鍋のキャセロールで煮込むトルコの肉じゃが。
なすやピーマン、トマトなど野菜を何種類も
使うところに、世界3大料理の豊かさを感じます。

材料（4人分）

じゃがいも（ひと口大に切る）… 5個
羊肉（2cmの角切り）… 900g
なす … 1本
バター … 100g
たまねぎ（みじん切り）… ½個
水 … 500ml
さやいんげん（筋とヘタを取る）… 10本
ズッキーニ（皮をむき2cm幅の輪切り）… 2本
オクラ（ヘタを切り落とす）… 10本
トマト（1cm幅の輪切り）… 大2個
ピーマン（縦半分に切る）… 2個
塩 … 小さじ2
黒コショウ … 少々

つくり方

1 なすはヘタを切り落とし、縦に2〜3cm幅の縞模様になるよう皮をむく。皮をむいた部分に包丁を入れ、縦に4等分にし、さらに5cmの角切りにする。

2 キャセロールにバターを入れて中火にかける。バターが溶けたら羊肉を加え、よく炒める。

3 たまねぎを加えて透き通るまで炒めたら、じゃがいもを入れてさらに炒める。

4 水を加え、沸騰したら弱火にして10分ほど煮る。

5 さやいんげん、ズッキーニ、オクラ、トマト、ピーマン、塩を入れ、汁気が⅓になるまで煮詰める。

6 皿に盛りつけ、黒コショウを振る。

アラブ首長国連邦

サリード

ライムがエキゾチックに香りますが
いつものカレーライスを思い起こさせる、
どこかなつかしい料理です。

材料（4人分）

じゃがいも（4つ割り）… 1個
鶏肉 … 500g
水 … 1ℓ
サラダ油 … 大さじ1
たまねぎ（みじん切り）… 1個

A
- にんにく（すりおろす）… 1かけ
- しょうが（すりおろす）… 1かけ
- 青とうがらし（みじん切り）… 1本
- トマトピューレ … 大さじ1
- ライム果汁 … 大さじ1

なす（皮をむいて太めの輪切り）… 1本
にんじん（太めの輪切り）… 1本
トマト（みじん切り）… 1個

B
- コンソメ（固形）… 1個
- カレー粉 … 大さじ1
- シナモンパウダー … 小さじ½
- カルダモン（粒）… 2粒
- 塩 … 大さじ1

ライム（輪切り）… 適量

つくり方

1 鍋に水を入れて強火にかけ、沸騰したら鶏肉を入れてふたをし、中火にして20分ゆでる。

2 アクを取り、鶏肉を取り出し、冷めたら角切りにする。ゆで汁は取っておく。

3 フライパンにサラダ油、たまねぎを入れ、中火にかけて色がつくまで炒める。Aとじゃがいも、なす、にんじん、トマトを加えて3分加熱する。

4 **3**に**2**の鶏肉とゆで汁のうち600ml、Bを入れてふたをし、弱火で15分ほど煮る。

5 皿に盛りつけ、ライムを飾る。

モロッコ

鶏肉と野菜のタジン

旧宗主国のフランスの影響が感じられ、
おいしいもの好きたちにも評判が高いモロッコから、
タジン鍋で調理する肉じゃがをご紹介します。

材料（直径18cmのタジン鍋1個分）

じゃがいも（0.5cm幅にスライス）… 1個
鶏手羽元 … 250g
オリーブオイル … 大さじ1
たまねぎ（粗みじん切り）… $\frac{1}{2}$個
A
- ターメリックパウダー … 小さじ$\frac{1}{4}$
- ジンジャーパウダー … 小さじ$\frac{1}{4}$
- 黒コショウ … 少々
- 塩 … 小さじ$\frac{1}{2}$

トマト（1cm幅に切る）… 1個
にんじん（縦$\frac{1}{4}$に切る）… $\frac{1}{2}$本
グリンピース … 20粒

つくり方

1 タジン鍋にオリーブオイルをひき、鶏手羽元、たまねぎ、Aを入れ、ふたをして弱火にかける。

2 たまねぎがしんなりしてきたら全体を混ぜ合わせ、再度ふたをしてときどき混ぜながら、たまねぎが鶏肉にしっかり絡むまで煮込む。

3 鶏手羽元の上にじゃがいも、トマト、にんじんを順に置き、グリンピースを入れ、ふたをして弱火で煮込む。

4 ときどき煮汁をかけながら、野菜がやわらかくなるまで20分ほど煮込む。

エチオピア

アリチャ

いわば牛肉とじゃがいものターメリック煮。ハーブがほのかに香る、食べやすい料理です。「アリチャ」という名前は、煮込みを意味しています。

材料（4人分）

じゃがいも（ひと口大に切る）… 5個
牛薄切り肉 … 200g
バター … 大さじ3
たまねぎ（くし形切り）… 1個
ターメリックパウダー … 小さじ1
水 … 500ml
塩 … 小さじ2
ローズマリーパウダー … 少々
白コショウ … 少々

つくり方

1 鍋にバターを入れて弱火にかける。たまねぎを加え、きつね色になるまで炒める。

2 ターメリックパウダーを入れて混ぜてから、牛肉を加えて炒め、肉の色が変わったらじゃがいもを入れて1分ほど炒める。

3 水を入れ、ふたをしてじゃがいもがやわらかくなるまで弱火で煮る。

4 じゃがいもがやわらかくなったら塩を加えて混ぜ、ローズマリーパウダー、白コショウで味を調える。

リビア

バジーン

素朴な味わいの大麦粉を団子状にした無発酵パン「バジーン」を真ん中に、滋味深いトマト味の肉じゃがは、リビアのハレの日のご馳走です。

材料（肉じゃがのシチュー／4人分）

じゃがいも（食べやすい大きさに切る）… 2個
ラム肉（角切り）… 400g
オリーブオイル … 大さじ2

A
- たまねぎ（みじん切り）… 1個
- 青とうがらし（輪切り）… 1本
- フェヌグリークパウダー … 小さじ1

B
- にんにく（すりおろす）… 1かけ
- ターメリックパウダー … 小さじ1
- 赤とうがらしパウダー … 小さじ1
- 塩・コショウ … 各小さじ1

水① … 500ml
トマトピューレ … 大さじ2
水② … 500ml
ゆで卵 … 4個
塩・コショウ … 少々

つくり方（肉じゃがのシチュー）

1 鍋にオリーブオイルとAを入れて中火にかける。たまねぎが透き通ってきたらラム肉を加え、表面を軽く焼く。

2 Bを入れて混ぜ、水①とトマトピューレを加えて30分煮る。

3 じゃがいもと水②を入れ、弱火にして15分煮る。

4 ゆで卵を加えて3分煮たら、塩、コショウで味を調える。

材料（バジーン／4人分）

大麦粉 … 400g
塩 … 小さじ1
水 … 400ml

Memo

手でまとめて成形できるようになるまでは、1〜2時間かかります。大きなすり鉢があれば便利ですが、途中から小分けにすると早くできます。

つくり方（バジーン）

1 ボウルに大麦粉と塩を入れ、水を3回に分けて注ぎ入れ、その都度ゴムベラなどでよく混ぜる。

2 手のひらを水で濡らし、**1**を4分の1ほど手に取り、平たく丸めて中央に穴を空ける。

3 大きめの鍋で沸騰させた湯に、**2**を静かに落とし入れる。残りのたねも同様に丸めて穴を空け、湯に入れる。20分ほどゆで、湯から引き上げる。ゆで汁は取っておく。

4 すり鉢に**3**の生地を入れる。

5 すりこぎ棒ですりつぶすようにし、ゆで汁を少しずつ加えながら、生地をまとめる。

6 ねっとりした生地になったら台に取り出し、濡らした手で円錐形になるように成形する。

南アフリカ共和国

ベーコンとクルトン入りポテト・スープ

クタクタ野菜をポタージュにしたスープ。ベーコンの脂の香りが立ち生クリームもたっぷり。ヨーロッパの香り漂う仕上がりが歴史を伝えます。

材料（6人分）

じゃがいも（厚切り）… 6個
厚切りベーコン（1cmの角切り）… 110g
サラダ油 … 大さじ4
たまねぎ（厚切り）… 2個
リーキ（厚い輪切り）… 200g
チキンストック（水1ℓに固形のチキンブイヨンを2個溶かす）… 1ℓ
パセリ … 2枝
ローリエ … 1枚
コリアンダーパウダー … 小さじ1
白ワイン … 70ml
食パン（耳を落とし、1cmの角切り）… 2～3枚
生クリーム … 140ml
塩 … 小さじ1¼
黒コショウ … 少々

つくり方

1 大きめのフライパンにサラダ油とベーコンを入れて中火にかける。脂が溶けてカリカリになったら、ベーコンをいったん取り出す。

2 フライパンに残った油の⅓を鍋に移す。残りはそのままにしておく。

3 ベーコンの脂を移した鍋に、たまねぎとリーキを加え、中火にかけて炒める。

4 たまねぎが透き通ってきたらチキンストック、じゃがいも、パセリ、ローリエ、コリアンダーパウダー、白ワインを入れて強火にする。

5 沸騰したらふたをして弱火にし、野菜がクタクタにやわらかくなるまで30分ほど煮る。

6 ベーコンの脂を残した**2**のフライパンにパンを入れ、中火にかけて揚げ焼きにしクルトンをつくる。脂が足りないようならバター（分量外）を大さじ1加え、カリカリになるまでこんがり仕上げる。ペーパータオルに取り、油を切る。

7 **5**の鍋のパセリとローリエを取り出し、残った野菜をミキサーにかけてなめらかなピュレ状にし、裏ごしして鍋に戻す。

8 **1**のベーコンと生クリーム、塩を入れて中火にかけ、ふつふつしてきたら弱火にして5分ほど煮る。

9 器に注ぎ入れ、**6**のクルトンを散らし、黒コショウを振る。

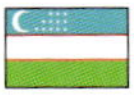

ウズベキスタンなど

ショルヴァ

中央アジアほかで広く愛されている素朴な羊肉のスープ。キルギスでは「ショルポ」、カザフスタンでは「スルパ」と呼ばれています。

材料（2〜3人分）

じゃがいも（ひと口大に切る）… 2個
羊肉（ひと口大に切る）… 200g
サラダ油 … 大さじ1
たまねぎ（薄切り）… $\frac{1}{2}$個
にんじん（乱切り）… 1本
パプリカ（細切り）… $\frac{1}{2}$個
トマト（くし形切り）… $\frac{1}{2}$個
水 … 800ml
塩 … 小さじ$1\frac{1}{2}$
クミンパウダー … 少々
コショウ・赤とうがらし … 各適量
パセリ（みじん切り）… 少々

つくり方

1 鍋にサラダ油を入れて中火にかけ、羊肉を加えて炒める。肉の色が変わったら、たまねぎを入れてじっくり炒める。

2 たまねぎが茶色くなってきたら、にんじんとパプリカを加えて軽く炒め、さらにトマトを入れて炒める。

3 水を入れ、沸騰したら弱火にし、こまめにアクを取りながら10分ほど煮る。

4 じゃがいもを加え、塩、クミンパウダー、コショウ、赤とうがらしを加えてさらに煮る。

5 じゃがいもがやわらかくなったら皿に盛りつけ、パセリを振る。

パキスタン

アルー・キーマ

完全に火を通し切るため、じっくり炒めてから煮るていねいさは、暑い国ならではの調理法。辛さ控えめのじゃがいもとひき肉のカレーです。

材料（4人分）

じゃがいも（1㎝の角切りにして水にさらす）… 3個
牛ひき肉 … 400g
サラダ油 … 大さじ5
たまねぎ（薄切り）… 1個
A
- クミンシード … 小さじ1
- コリアンダーパウダー … 小さじ2
- ターメリックパウダー … 小さじ½
- 赤とうがらしパウダー … 小さじ½

にんにく（みじん切り）… 3かけ
しょうが（すりおろす）… 1かけ
塩① … 小さじ1
プレーンヨーグルト … 大さじ4
カットトマト缶 … 大さじ5
水① … 200ml
●スパイス袋（スパイスをお茶パックなどの袋に入れて使う）
- 黒粒コショウ … 4粒
- ローリエ … 1枚
- ブラックカルダモン（粒）… 2個
- シナモンスティック … 1本

青とうがらし（小口切り）… 適量
水② … 400ml
塩② … 少々
パクチー（ざく切り）… 適量

つくり方

1 鍋にサラダ油とたまねぎを入れて中火にかけ、じっくり炒める。
2 たまねぎがあめ色になったらAを加え、弱火で炒める。
3 香りが立ってきたら、にんにくとしょうがを加えて炒める。
4 全体に油がなじんだら牛ひき肉と塩①を入れ、中火にして肉がパラパラになるまで炒める。
5 プレーンヨーグルトとカットトマト缶、水①を加えてよく混ぜ合わせる。
6 じゃがいもの水気を切って加え、さらによく混ぜ合わせる。
7 スパイス袋、青とうがらしを加え、水②をヒタヒタに入れ、ときどきかき混ぜながら中火で煮込む。
8 汁気がなくなったら火を止めてスパイス袋を取り出し、塩②で味を調える。
9 皿に盛りつけ、パクチーを散らす。

フィリピン

メヌード

フィリピン人は、内臓料理が大好き。
この肉じゃがではレバーを使います。
ケチャップ風味になつかしさを感じるかも!?

材料（4人分）

じゃがいも（ひと口大に切る）… 3個
豚肉（角切り）… 200g
レバー（角切り）… 100g
ソーセージ（輪切り）… 3本
サラダ油 … 大さじ2
にんにく（みじん切り）… 1かけ
たまねぎ（粗みじん切り）… $\frac{1}{4}$個
醤油 … 小さじ2
塩 … 小さじ$\frac{1}{2}$
コショウ … 少々
水① … 600ml
ローリエ … 2枚
トマトピューレ … 大さじ3
にんじん（角切り）… $\frac{1}{3}$本
水② … 200ml
レーズン … 大さじ2
ひよこ豆（水煮）… 200g
赤ピーマン（角切り）… 1個
ケチャップ … 小さじ2

つくり方

1 鍋にサラダ油とにんにくを入れて弱火にかけ、香りが立ってきたらたまねぎを加えて炒める。

2 たまねぎが透き通ってきたら豚肉を入れて炒め、表面の色が変わってきたらレバー、ソーセージを加えて炒め、醤油、塩、コショウで味つけする。

3 水①、ローリエ、トマトピューレを入れて、肉がやわらかくなるまで煮込む。

4 肉がやわらかくなったらじゃがいも、にんじん、水②を加えて煮る。

5 じゃがいもがやわらかくなったらレーズンとひよこ豆、赤ピーマンを入れて5分ほど煮る。

6 ケチャップを入れてひと混ぜしたら、皿に盛りつける。

アヤム・ポンテ

中国系移民とマレー人が結ばれた子孫が受け継ぐニョニャ料理の1つで、豆豉を思い起こさせる発酵豆ソースが味の決め手の肉じゃがです。

つくり方

1 じゃがいもは大きめのひと口大に、鶏肉は食べやすい大きさに切る。生しいたけは半分に切る。

2 ホムデンとにんにくを、フードプロセッサーなどで細かく砕く。

3 鍋にサラダ油を入れて弱火にかけ、**2**を加えて焦がさないように2分炒める。

4 タオチオ、中国たまり醤油、パームシュガーを加え、よく混ぜながら30秒ほど炒める。

5 **1**を加え、水を注いで沸騰させる。

6 沸騰したら火を弱め、ときどき混ぜながら30分ほど煮る。

7 醤油と塩で味を調え、シナモンを振って混ぜる。

材料（4人分）

じゃがいも … 4個
鶏もも肉 … 500g
生しいたけ … 4枚
ホムデン … 200g
にんにく … 5かけ
サラダ油 … 50ml
タオチオ（発酵豆ソース）… 小さじ1
中国たまり醤油 … 大さじ3
パームシュガー … 大さじ3
水 … 2カップ
醤油 … 少々
塩 … 少々
シナモン … 少々

Memo

「ホムデン」はタイの赤小たまねぎ。「タオチオ」は大豆の発酵調味料で、甘いモノからしょっぱいモノまで種類が豊富。現地では好みで選ぶそうです。

アジア

韓国

カムジャチョリム

ごま油と醤油の味つけで親しみやすい料理です。青とうがらしが効いているのが、韓国らしいところ。甘辛い味で、酒の肴にも向いています。

材料（2人分）

じゃがいも（ひと口大に切る）… 3個

牛肉（せん切り）… 50g

A
- 塩・コショウ … 各少々
- 醤油 … 大さじ1
- 砂糖 … 小さじ2
- にんにく（すりおろす）… 1かけ

ごま油 … 大さじ2

B
- 醤油 … 大さじ3
- 砂糖 … 大さじ1
- 水 … 400ml

青とうがらし（斜め切り）… 3本

ごま … 大さじ1

つくり方

1 牛肉をボウルに入れ、Aを加えてよく混ぜる。

2 鍋にごま油を入れて中火にかけ、**1**を加えて炒める。

3 肉の色が変わったらじゃがいもを加え、Bを入れて具材がやわらかくなるまで煮る。

4 最後に青とうがらしとごまを加えて混ぜ、皿に盛りつける。

アメリカ

ブランズウィック・シチュー

南部料理の1つで、元は狩りで仕留めたうさぎやリスの肉を使う煮込み料理です。セロリとタイムの香りがアクセントに。

材料（2人分）

じゃがいも（2.5cmの角切り）… 1個
鶏もも肉 … ½枚
豚ブロック肉 … 100g
ソーセージ … 100g
水 … 1ℓ
オクラ（1cmの輪切り）… 100g
セロリ（1cmの角切り）… 1本
たまねぎ（1cmの角切り）… ½個
とうもろこし（実を芯から外す）… 1本分
カットトマト缶 … 400g
白いんげん豆（水煮）… 75g
タイム（乾燥）… 小さじ¼
塩・黒コショウ … 各少々

つくり方

1 大きめの鍋に鶏もも肉、豚ブロック肉、ソーセージ、水を入れて強火にかける。

2 沸騰したら弱火にしてふたをし、1時間ほど煮る。

3 鶏もも肉と豚ブロック肉を取り出し、フォークで大きくさき、ソーセージは1cm幅に切る。

4 **2**の鍋にオクラ、セロリ、たまねぎ、とうもろこし、じゃがいも、カットトマト缶、白いんげん豆、タイムを入れて強火にかける。

5 沸騰したら**3**の肉とソーセージを鍋に戻し、ふたをして弱火で20～30分煮る。

6 じゃがいもがやわらかくなったら火を止め、塩、黒コショウで味を調え、再度ふたをして10分ほど蒸らす。

7 器に盛りつける。

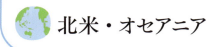

ニュージーランド

マトン・シチュー

西洋人が多い国ならではのシチューの肉じゃが。ルウが全体をまろやかにまとめ上げ、羊肉の臭みが気にならないのはさすが羊大国の知恵。

材料（3人分）

じゃがいも … 6個
羊かたまり肉 … 600g
たまねぎ … 小3個
にんじん … 小3本
キャベツ … 小1個
水 … 約3ℓ
A
- タイム（生）… 2本
- ローリエ … 2枚
- パセリ（生）… 1本
- 粒コショウ … 5粒
- 塩 … 大さじ1

溶かしバター … 30g
小麦粉 … 30g
塩 … 少々

つくり方

1 羊かたまり肉は半分に切る。

2 たまねぎとにんじんは丸のまま皮をむき、キャベツは縦2〜4つに切り、じゃがいもは皮つきのままよく洗う。

3 大きめの鍋に羊肉と**2**の野菜を入れ、水を加えて中火にかける。

4 煮立ってきたらアクを取り、Aを入れて野菜がやわらかくなるまで煮る。

5 煮汁が半量になったら羊肉と野菜を取り出し、全部ざく切りにする。

6 ボウルにバターと小麦粉を入れてよく混ぜ合わせ、鍋に残った**5**の煮汁に加えてよく混ぜ、とろみをつける。

7 **6**の鍋に**5**の羊肉と野菜を戻して塩で味を調え、3分ほど煮てから皿に盛りつける。

世界の肉じゃがレシピの主な参考文献

『荒井商店　荒井隆宏のペルー料理』荒井隆宏、柴田書店、2014年

『世界のじゃがいも料理　南米ペルーからヨーロッパ、アジアへ。郷土色あふれる100のレシピ』

誠文堂新光社編、誠文堂新光社、2015年

『世界の郷土料理事典　全世界各国・300地域　料理の作り方を通して知る歴史、文化、宗教の食規定』

青木ゆり子、誠文堂新光社、2020年

『大使館の食卓』「おとなのデジタルTVナビ」編集部編、産経新聞出版、2011年

『旅する料理教室　世界の料理上手から教わるとっておきレシピ』

エンターブレイン発行、角川グループパブリッシング発売、2010年

『北欧料理大全　家庭料理、伝統料理の調理技術から食材、食文化まで。本場のレシピ101』

カトリーネ・クリンケン著、くらもとさちこ訳、誠文堂新光社、2020年

『北欧のおやつとごはん　今日すぐ作れる北欧料理111レシピ』三田陽子、日本電子書籍技術普及協会、2022年

『完全理解　フランスの地方料理』中村勝宏、柴田書店、2003年

『基礎から学ぶ　フランス地方料理』ル・コルドン・ブルー、柴田書店、2010年

『ノスタルジア食堂　東欧旧社会主義国のレシピ63』イスクラ、グラフィック社、2020年

『家庭で作れるスペイン・バスク料理』丸山久美、河出書房新社、2015年

『タイム ライフ ブックス 中東料理』タイムライフブックス編集部編、タイムライフブックス、1978年

『家庭で楽しむモロッコ料理』小川歩美、河出書房新社、2010年

『モロッコの食卓』エットハミ ムライ アメド、寺田なほ、PARCO出版、2010年

『各国大使館発　世界の食卓　アジア・アフリカ・中南米編』食紀行の会、家の光協会、1996年

『タイム ライフ ブックス アフリカ料理』タイムライフブックス編集部編、タイムライフブックス、1978年

『ノスタルジア第2食堂　東欧旧社会主義国のレシピ60』イスクラ、グラフィック社、2022年

『フィリピン家庭料理入門ーおいしくさわやかハロハロクッキングー』原田瑠美、農文協、1994年

『調理師全書　朝鮮料理』

ジョン・ヂンシㇰ、チョン・デソン、沢野勉、ジョン・キョンファ、柴田書店、1979年

『日本語版　世界の味　韓国料理①』韓晶惠著、旭屋出版編集部訳、旭屋出版、1988年

『アメリカ南部の家庭料理』アンダーソン夏代、アノニマ・スタジオ、2011年

『江上トミの世界の料理』江上トミ・江上栄子、主婦の友社、1963年

6章

肉じゃがの結論

今と昔、日本と世界。あらゆる角度から「肉じゃが」を見てきました。
はたして「肉じゃが」とは何でしょうか？　その答えを見つけます。

肉じゃがからわかること

ここまで、たくさんの肉じゃがをご紹介してきました。いかがだったでしょうか？私が常々感じていることですが、改めてレシピに絶対の正解はないことが、たくさんの肉じゃがレシピを比べたことからわかりました。水や出汁を入れる／入れない、醤油や砂糖・みりんの量、手順などやり方はさまざまです。「どのレシピが正解かわからない」と嘆くあなた、ご自身にとって一番つくりやすい、または一番おいしいと感じるレシピが、あなたの正解です。ぜひ本書の肉じゃがをつくり比べ、正解を見つけてください。

レシピの変化がわかる日本の肉じゃが

3章でご紹介した歴代の日本の肉じゃがレシピは、紹介された当時の本や雑誌からそのまま引用しています。私も料理を再現した藤沢さんも、「私だったら別の書き方をする」と考えるものもありますが、レシピにも料理家の考え方や時代が投影されているのです。

例えばしらたきの扱い方。昭和時代はしらたきなどこんにゃく類は、下ゆでするのが当たり前でしたが、最近は調理の手間を省くため、下ゆでで不要に加工した商品が一般的になりました。また、1960～1970年代のレシピは、材料欄に調味料の量が記載されておらず、本文中に登場しました。昭和時代のレシピでは、調味料の量が記載されていない場合もありました。昭和時代の料理メディアは、台所の担い手が自分好みに味つけをアレンジする前提で、調味料の分量についてはあまり重視していなかったのかもしれません。

『辻クッキングお料理教室』が解説した鍋を揺する「鍋返し」と煮えにくいものを鍋の中央に、煮えやすいものをその周りに並べて煮る「鍋割り」という料理用語を初めて知った人は多いかもしれません。このようにレシピの表現すら変わっていきます。

94ページに掲載したレシピ分布図をご覧ください。砂糖を多く使うなど甘い肉じゃがのレシピの多くが昭和時代のもの。昔は今のようにスイーツが氾濫していませんでしたし、「甘い＝贅沢」のイメージもありました。しかし最近は、スイーツも甘さ控えめがすっかり一般的になりました。１９８０年代以降に生活習慣病を避ける意味で塩分を控える傾向が強くなったとき、糖分も減ったように感じます。

また、昔は強火を使うレシピが珍しくありませんでしたが、コンロの火力が強くなった最近は中火以下にすることが多いそうです。フッ素加工のフライパンは極度の高温に弱いので中火以下がよいなど、調理道具が変わったことも影響しているのでしょう。20年ほど前に本格的な中華料理をつくりたい、という人が増えてハイカロリーなガスコンロが流行りましたが、時代が変われば常識も変わっていくことがよくわかります。

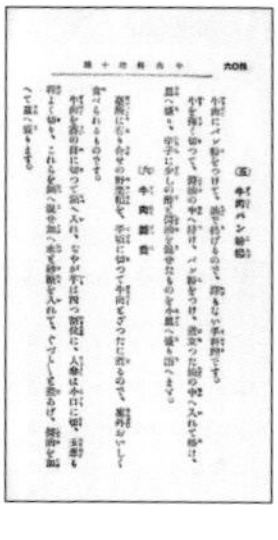

約１００年前のレシピ本は、レイアウトの工夫も特になく、現代の人たちは解読するのに苦労しそうです

昔のレシピはていねいだった？

レシピ分布図（94ページ）で「ていねい」に分類したレシピの多くが、昭和時代のものです。当時の大御所料理家のレシピを読むと、炒めた具材を鍋から引き上げ、じゃがいもを入れて煮る、砂糖に焦げ色がつくまで牛肉を焼く、といったていねいな工程が目立ちます。これらのていねいさは、じゃがいもによく味をしみこませるといったおいしさが目的でした。今も現役のベテラン、村上祥子のレシピは、具材を入れた耐熱容器に小皿の落としぶたをして電子レンジに入れていますが、その結果、食材にムラなく味が広がり、時短レシピとは思えない仕上がりの肉じゃがになります。

一方で、科学や技術の進歩で不要になった手間もありますし、鋳物鍋を使うなど道具の力で手軽に煮ものをつくれるようになった側面もあります。少人数用のレシピも開発され、きじまりゅうたは、「肉じゃがは大人数のほうがおいしい」という祖母の主張をくつがえす、電子レンジとフライパンでつくる1人分レシピを紹介したりしています。

昔はよりおいしいレシピが、今はより手軽なレシピが求められていることが、時代を比較したことで見えてきました。それは、台所の担い手たちの変化を表しています。皆がどんどん忙しくなる時代、手軽さが重視されるのはわかりますが、食いしん坊の私はもう少し味の追求が欲しいと思ってしまいます。なぜならそんな小さな修業がやがて料理家、台所の担い手の技術向上につながり、食べ手に満足感をもたらすからです。

最もていねいな河野貞子（右、レシピは本書64ページ）と、一番時短な平野レミの肉じゃが（左、レシピは本書79ページ）

手をかけて肉じゃがをつくる国は？

ていねいさを見直したい、と思ったのは、世界の肉じゃがを紹介したからかもしれません。私たちがレシピ再現で大苦戦したのが、リビアの「バジーン」でした。アフリカには、穀物の粉に水を加えた団子のような無発酵パンを食べる国がいくつもありますが、大麦粉を使ったバジーンのパンをつくるには、大きなすり鉢とすりこ木で1〜2時間こねる必要があります。素朴ながら味わい深いこのパンは、スープに浸しながら食べるのですが、撮影したものを持ち帰り、いろいろなスープで試しました。すると、パン自体には味がないのに、スープのうま味と合わさって滋味深くなるのです。

南アフリカ共和国の「ベーコンとクルトン入りポテト・スープ」も、野菜をクタクタになるまで煮込んでミキサーでポタージュ状にする一方、クルトンもつくります。2024年5月8日放送の、芸能人が世界を旅して料理を食べまくる『世界頂《いただき》グルメ』(日本テレビ系)で、お笑い芸人のやす子がセネガルの家庭に滞在していました。その家の女性たちはほぼ1日中、食事の支度をしていたのです。アフリカ料理には、手をかけておいしいものをつくりたい、という気持ちが入っているのかもしれません。

リビアの肉じゃが「バジーン」では、この無発酵パンをつくるだけでも1〜2時間かかる

ボリューミーな肉じゃがの国は?

量が多い国もありました。藤沢さんが所有する最も大きい直径1メートルの鍋を使っても間に合わないほどあったのが、ニュージーランドの「マトン・シチュー」。スウェーデンの「フェーマンスビッフ」、フランスの「シャンパーニュ風ポテ」も量が多かったです。欧米へ行った日本人が、「1人分の量が多過ぎて食べ切れなかった」、と言いますよね。そうした欧米人の食欲旺盛ぶりを思い知らされたのが、これらの肉じゃがです。

量の多少は文化の違いでもあります。私が以前参加したナイジェリアの留学生が地元料理を出す会で、企画者からもっとたくさん出して、と言われ「日本人は食事の量が多い」と感じたことを、留学生が話してくれました。煮込みなど3品いただきましたが、「ふつうは1食でこんなに食べない」と彼女が言う量は、私にはちょうどいい夕食でした。

社会と歴史が見える肉じゃが

肉じゃがの歴史が案外浅いのは、日本だけではありませんでした。何しろ中南米以外で、じゃがいもは数百年前以降に入ってきた、比較的新しい食材です。ニュージーランドは、19世紀でした。

ニュージーランドの「マトン・シチュー」。174ページのレシピは3人分だが、日本人の感覚だと10人分はありそう

多くの国が侵略と支配を経験した結果、肉じゃがは成立しています。日本で肉やじゃがいもを食べるようになったのも、欧米の侵略を回避しようとこれら「西洋食材」を採り入れた結果でした。欧米人と同じモノを食べ、彼らのような強健な身体にしなければ植民地にされる、という危機感が採り入れる動機だったのです。侵略を行ったヨーロッパも、同じ頃に飢饉などで苦しみ、食料確保のためにじゃがいも生産を始めています。世界各地で「おふくろの味」と呼ばれる家庭料理には、庶民の汗と涙が溶かし込まれているのです。そうした過去を知れば、肉じゃがは一層味わい深くなるかもしれません。

これからの肉じゃが

特に肉じゃがが好きなのは男性かもしれません。コラム1（56ページ）でご紹介したように、肉じゃがが出てくる物語の主役はたいてい男性です。一方、女性はそれほど好まない人がいるかもしれません。データには表れていませんが、私の周りの40～60代女性は「最近はつくっていない」という人が目立つからです。和食の好みは変化しており、肉じゃがも盤石《ばんじゃく》とは言えません。クックパッドの調査に表れたように、鶏肉やひき肉、さつまいもを使うなどアレンジが当たり前になるのでしょうか。和食は近代以降に大きく変わりました。今も変わり続けています。世界の肉じゃがも知った今、100年余りの歴史しかない肉じゃがが今後どうなるのか。その進化を見守っていきたいと思います。

本書のマイベストは、トッピングのパクチーが効いた爽やかなコロンビアの「アヒアコ」（レシピは本書140ページ）

主な素材別レシピ索引

※じゃがいもはすべてのレシピに使用しているので、省略しています。

牛肉

豚肉

鶏肉

羊肉

おわりに

いやはや大変な本でした。「おもしろそう！」と軽い気持ちで受けたことを、何度後悔したことか。私は新卒で広告制作会社に入ったため、会社員時代に料理のチラシ制作にも関わりました。スタイリングの食器や小物を探しに大阪市内を駆けずり回り、撮影中は「一番若いから」と箸などを持つ手のタレントや、カメラマンアシスタントも務めました。料理家がつくったレシピの表現を整えて文字数内に収めるリライト作業では、先輩から山ほどダメ出しを食らい、しょっちゅうトイレに駆け込んで泣いていた記憶があります。

しかし、「役に立つ情報」がなぜか苦手な私はやがて、専門性を高めていかに実用情報から遠ざかるか、に腐心するようになりました。「生活史研究家」の肩書が板についた今、再び、その専門性を生かして、煩雑かつ慎重さを要するこうした仕事をまたやることになるとは！　改めて、料理回りの編集者、料理家さんたちのご苦労を垣間見た気がしました。というより、知らなければよかった陰を見てしまったような……。つくづく不向きを実感したので、今回で実用書の仕事は終わりにしたいと思います。

何しろ読者には1冊で2度おいしい、実用書と食文化論の合体です。しかも大御所を含むプロのレシピの引用は、日本で過去に例がありません。同じマスメディアの仕事なのに、ふだん批評にあまり縁がない実用書の出版社、料理家の中には、「レシピをご紹介したい」という私たちの申し出に戸惑われた方もいたようです。通常、引用に許可は不要です。しかし、私たちの取り組みが過去に例がないことと、レシピが創作に当たることから、引用についてセンシティブな方もいるのだな、と理解しました。また、紙面には限りがあり、ご紹介できなかったレシピもあります。出版社や料理家以外にも、味の素食の文化ライブラリー、クックパッド、ローソン、西友、赤堀料理学園、マレーシア食文化ライターの古川音さんや、各国文化について教えてくれた友人知人たちには感謝しています。

私は、誰もやっていないことを本にする機会が多いです。家族の食卓史を通じて社会の変化を描いた初めての食の本、『うちのご飯の60年　祖母・母・娘の食卓』（筑摩書房）など食の歴史の本も、家事の構造と社会背景を分析した『家事は大変って気づきましたか？』（亜紀書房）も初の試みでした。ほとんどの著作が、たぶん誰もやったことがない仕事です。今回もそうなりました。私の試みはその後、多くの人がさらに広げてくれましたから、この手の実用兼文化論も1つの分野になっていくかもしれません。

今回の本は、何度もぶつかり合いながらチームで制作しました。少なくとも私は体調を崩しましたが、この仕事が私たちを成長させてくれたと思います。新星出版社の町田美津子さん、テンカウントの編集者の成田すず江さん、同じくテンカウントの藤沢せりかさん、私たち、よく乗り切りましたよね！　力をつくしてくださり、本当にありがとうございました。そしてどんどん増える撮影に文句ひとつ言わずご協力くださったカメラマンの久保寺誠さん、無茶なスケジュールに応えてくださったデザイン事務所のＧＲｉＤの釜内由紀江さん、五十嵐奈央子さん、校正者の髙橋宏昌さん、本当にありがとうございました。いつもながら、何かと協力してくれた夫の鳥原学にも感謝します。

阿古真理

| レシピ本以外の主な参考文献 |

『「おふくろの味」幻想　誰が郷愁の味をつくったのか』湯澤規子、光文社新書、2023年
『おふくろの味　家庭料理のこころ』土井勝・土井信子、創元社、1967年
『読売新聞家庭面の100年レシピ』読売新聞生活部編、文藝春秋、2015年
『オムライスの秘密　メロンパンの謎　人気メニュー誕生ものがたり』澁川祐子、新潮文庫、2017年
『明治西洋料理起源』前坊洋、岩波書店、2000年
『国民食の履歴書　カレー、マヨネーズ、ソース、餃子、肉じゃが』魚柄仁之助、青弓社、2020年
『小林カツ代と栗原はるみ　料理研究家とその時代』阿古真理、新潮新書、2015年
『テレビ料理人列伝』河村明子、NHK出版、2003年
『昭和の洋食　平成のカフェ飯　家庭料理の80年』阿古真理、ちくま文庫、2017年
『料理の鉄人大全』番組スタッフ編、フジテレビ出版、2000年
『人気レシピ本が教えてくれた　ラクしておいしい令和のごはん革命』阿古真理、主婦の友社、2021年
『クッキングパパ』64うえやまとち、講談社、2001年
『じゃあ、あんたが作ってみろよ』①谷口奈津子、ぶんか社、2024年
『講談社版　2020お料理家計簿』講談社監修、講談社、2019年
『詳説世界史B』木村靖二・佐藤次高・岸本美緒、山川出版社、2013年
『「食」の図書館　カレーの歴史』コリーン・テイラー・セン著、竹田円訳、原書房、2013年
『キッチンの歴史　料理道具が変えた人類の食文化』ビー・ウィルソン著、真田由美子訳、河出書房新社、2014年
『世界の食文化⑬中南米』山本紀夫責任編集、農文協、2007年
『ジャガイモの世界史　歴史を動かした「貧者のパン」』伊藤章治、中公新書、2008年
『「食」の図書館　ジャガイモの歴史』アンドルー・F・スミス著、竹田円訳、原書房、2014年
『世界のじゃがいも料理　南米ペルーからヨーロッパ、アジアへ。郷土色あふれる100のレシピ』
誠文堂新光社、2015年
『ポテト・ブック—本場ドイツのおいしいレシピ—』モニカ・ケラーマン著、ヴァウアー葉子訳、朝日新聞社、1996年
『トウガラシの世界史　辛くて熱い「食卓革命」』山本紀夫、中公新書、2016年
『世界の食文化⑲ロシア』沼野充義・沼野恭子、農文協、2006年
『世界の食文化⑱ドイツ』南直人、農文協、2003年
『世界の食文化⑨トルコ』鈴木董、農文協、2003年
『フィリピン家庭料理入門:おいしくさわやかハロハロクッキング』原田瑠美、農文協、1994年
『中国料理の世界史　美食のナショナリズムをこえて』岩間一弘、慶應義塾大学出版会、2021年
『東南アジア文化事典』信田敏宏・綾部真雄・岩井美佐紀・加藤剛・土佐桂子、丸善出版、2019年
『週刊朝日百科　世界の食べもの74　香港・シンガポール』朝日新聞社、1982年
『自然の恵み　アイヌのごはん』藤村久和監修、デーリィマン社、2019年
『世界の食べもの　食の文化地理』石毛直道、講談社学術文庫、2013年
『アメリカは食べる。 アメリカ食文化の謎をめぐる旅』東理夫、作品社、2015年
『世界の食文化⑫アメリカ』本間千枝子・有賀夏紀、農文協、2004年
『世界の食文化⑦オーストラリア・ニュージーランド』小山修三責任編集、農文協、2004年
『カレーライスの誕生』小菅桂子、講談社、2002年
『おいしい食の流行史』阿古真理、青幻舎、2023年
『詳説日本史B』笹山晴生・佐藤信・五味文彦・高埜利彦ほか、山川出版社、2013年
『近代日本食文化年表』小菅桂子、雄山閣、1997年
『改訂新版 新書アフリカ史』宮本正興+松田素二編、講談社現代新書、2018年

| Special Thanks |

本書の制作にあたり、以下の方々にお世話になりました。

味の素食の文化ライブラリー、クックパッド株式会社、
株式会社ローソン、株式会社西友、
北海道味の素株式会社、赤堀料理学園、杵島直美さん、
きじまりゅうたさん、今井真実さん、主婦の友社の近藤祥子さん、
本書のレシピ掲載に同意してくださった料理家、出版社の皆さま、
mlaの中村剛伸さん、マレーシア食文化ライター 古川音さん、
「馬来西亜《マレーシア》マレー」の稲葉正夫さん、green seed booksの戸塚貴子さん、
ライターの澁川祐子さん、農研機構の古前幸三さん、
河出書房新社の谷口亜子さん、工藤智子さん、
料理人・文筆家の稲田俊輔さん、日本料理店「賛否両論」店主の笠原将弘さん、
BREAD&WINE SURF TOWNにTANDOOR GUARD Cafeのスタッフの皆さま

撮影協力／
BREAD&WINE　SURFTOWN
TANDOOR GUARD Cafe
UTUWA

画像協力／ ShutterStock

STAFF ／
装丁・デザイン　釜内由紀江+五十嵐奈央子（GRiD）
撮影　久保寺誠
スタイリング　SouthPoint
校正　髙橋宏昌
編集協力　成田すず江（株式会社テンカウント）

著者
profile

阿古 真理

兵庫県出身。東京都在住。

くらし文化研究所主宰。作家・生活史研究家として、書籍や雑誌、新聞、Webなどの媒体で活躍中。

食を中心にした社会史やトレンド分析、女性、写真などの分野で執筆をするほか、講演、テレビ出演実績も豊富。

著書は『おいしい食の流行史』(青幻舎)、『日本外食全史』・『家事は大変って気づきましたか?』(共に亜紀書房)、『何が食べたいの、日本人? 平成・令和食ブーム総ざらい』(集英社インターナショナル)、『小林カツ代と栗原はるみ』(新潮新書)、『日本の台所とキッチン 一〇〇年物語』(平凡社)など多数。

料理制作、
世界の肉じゃが
レシピ担当

藤沢せりか

料理研究家、BREAD&WINE SURF TOWNオーナーシェフ。テンカウント所属。

パティシエ、フレンチのシェフの下で料理を学び、ハワイをはじめバリ島やタイ、カリフォルニア、バスク地方、ハワイなど、世界のさまざまな国や地域のレストランでも修業を積む。バル文化・料理への造詣を深めた近年は、昼バルを開業した。

近著に『サンドイッチのレシピ大図鑑370』・『バスクのおいしいバルレシピ』(共にマイナビ出版)、『パンケーキの教科書』・『絶品!バスクチーズケーキ』(共に河出書房新社)等がある。

日本の肉じゃが 世界の肉じゃが

2024年12月15日 初版発行

著者 阿古真理
発行者 富永靖弘
印刷所 株式会社新藤慶昌堂

発行所 東京都台東区台東2丁目24 株式会社 新星出版社
〒110-0016 ☎03(3831)0743

ISBN978-4-405-09460-4